aufbau
AUFBAU VERLAGSGRUPPE

# Barbara Frischmuth

# *Marder, Rose, Fink und Laus*

## Meine Garten-WG

### Mit Fotografien von Herbert Pirker

Aufbau-Verlag

# Inhalt

Eis am Dach . . . . . . . . . . . . . . . . . . . . . . . . . . . . . . . . . . . . . . . . . . . . . 9

Lachsaufheller . . . . . . . . . . . . . . . . . . . . . . . . . . . . . . . . . . . . . . . . . . 10

Wasser und seine Kristalle . . . . . . . . . . . . . . . . . . . . . . . . . . . . . . . 11

Rehe und Kätzchen . . . . . . . . . . . . . . . . . . . . . . . . . . . . . . . . . . . . . 12

Rittersterne . . . . . . . . . . . . . . . . . . . . . . . . . . . . . . . . . . . . . . . . . . . . 14

Ganz in Weiß . . . . . . . . . . . . . . . . . . . . . . . . . . . . . . . . . . . . . . . . . . 15

Hauswurz auf nordafrikanisch . . . . . . . . . . . . . . . . . . . . . . . . . . . . 18

Alle Wetter . . . . . . . . . . . . . . . . . . . . . . . . . . . . . . . . . . . . . . . . . . . . 20

Spiegeleier . . . . . . . . . . . . . . . . . . . . . . . . . . . . . . . . . . . . . . . . . . . . 21

Die geschluckte Krot . . . . . . . . . . . . . . . . . . . . . . . . . . . . . . . . . . . 24

Bärenöhrchen . . . . . . . . . . . . . . . . . . . . . . . . . . . . . . . . . . . . . . . . . 27

Schadensmeldung I . . . . . . . . . . . . . . . . . . . . . . . . . . . . . . . . . . . . 28

Schadensmeldung II . . . . . . . . . . . . . . . . . . . . . . . . . . . . . . . . . . . . 29

Aufschwung . . . . . . . . . . . . . . . . . . . . . . . . . . . . . . . . . . . . . . . . . . . 30

Bollwerke gegen den Winter . . . . . . . . . . . . . . . . . . . . . . . . . . . . . 34

Schneestechen . . . . . . . . . . . . . . . . . . . . . . . . . . . . . . . . . . . . . . . . . 37

Frühling am Straßenrand . . . . . . . . . . . . . . . . . . . . . . . . . . . . . . . 40

Avantgarde . . . . . . . . . . . . . . . . . . . . . . . . . . . . . . . . . . . . . . . . . . . 41

Seelentröster . . . . . . . . . . . . . . . . . . . . . . . . . . . . . . . . . . . . . . . . . . 42

Aus der Kälte kommend . . . . . . . . . . . . . . . . . . . . . . . . . . . . . . . . 43

Frühlingslust . . . . . . . . . . . . . . . . . . . . . . . . . . . . . . . . . . . . . . . . . 44

Hähnchen ist nicht gleich Hähnchen . . . . . . . . . . . . . . . . . . . . . . 45

Himmlische Drohungen . . . . . . . . . . . . . . . . . . . . . . . . . . . . . . . . 46

Glöckchenreigen . . . . . . . . . . . . . . . . . . . . . . . . . . . . . . . . . . . . . . 48

Kuhtritt . . . . . . . . . . . . . . . . . . . . . . . . . . . . . . . . . . . . . . . . . . . . . . 50

Der Teppich zu meinen Füßen . . . . . . . . . . . . . . . . . . . . . . . . . . . 52

Nachruf . . . . . . . . . . . . . . . . . . . . . . . . . . . . . . . . . . . . . . . . . . . . . . 53

Bufo bufo . . . . . . . . . . . . . . . . . . . . . . . . . . . . . . . . . . . . . . . . . . . . 57

Rabenschwärze . . . . . . . . . . . . . . . . . . . . . . . . . . . . . . . . . . . . . . . 59

Schönwettergartler . . . . . . . . . . . . . . . . . . . . . . . . . . . . . . . . . . . . 61

Kamingeschichten . . . . . . . . . . . . . . . . . . . . . . . . . . . . . . . . . . . . . 62

Überflußwirtschaft . . . . . . . . . . . . . . . . . . . . . . . . . . . . . . . . . . . . 64

Who-dun-it? . . . . . . . . . . . . . . . . . . . . . . . . . . . . . . . . . . . . . . . . . . 66

Diva, Diva . . . . . . . . . . . . . . . . . . . . . . . . . . . . . . . . . . . . . . . . . . . . 69

Die Qual der Wahl . . . . . . . . . . . . . . . . . . . . . . . . . . . . . . . . . . . . . 72

TV-Spezial . . . . . . . . . . . . . . . . . . . . . . . . . . . . . . . . . . . . . . . . . . . . 74

Plagegeister . . . . . . . . . . . . . . . . . . . . . . . . . . . . . . . . . . . . . . . . . . . 76

Stein um Stein . . . . . . . . . . . . . . . . . . . . . . . . . . . . . . . . . . . . . . . . . 79

Ortswechsel . . . . . . . . . . . . . . . . . . . . . . . . . . . . . . . . . . . . . . . . . . . 82

Nächtlicher Besuch . . . . . . . . . . . . . . . . . . . . . . . . . . . . . . . . . . . . 88

Büschelweise . . . . . . . . . . . . . . . . . . . . . . . . . . . . . . . . . . . . . . . . . . 89

Donner und Blitz . . . . . . . . . . . . . . . . . . . . . . . . . . . . . . . . . . . . . . 94

Angst gegen Angst . . . . . . . . . . . . . . . . . . . . . . . . . . . . . . . . . . . . . 96

Kampfgeschehen . . . . . . . . . . . . . . . . . . . . . . . . . . . . . . . . . . . . . . 99

Klammheimliche Freude . . . . . . . . . . . . . . . . . . . . . . . . . . . . . . . 102

Gezähntes . . . . . . . . . . . . . . . . . . . . . . . . . . . . . . . . . . . . . . . . . . . . 106

Vogelgezeter . . . . . . . . . . . . . . . . . . . . . . . . . . . . . . . . . . . . . . . . . 111

Selten ein Nutzen, wo nicht auch ein Schaden dabei ist . . . . . . . . . . . . . . . 114

Nachtrag . . . . . . . . . . . . . . . . . . . . . . . . . . . . . . . . . . . . . . . . . . . . 119

Teppichmuster . . . . . . . . . . . . . . . . . . . . . . . . . . . . . . . . . . . . . . . 122

Potlatsch . . . . . . . . . . . . . . . . . . . . . . . . . . . . . . . . . . . . . . . . . . . . 127

Die Büchse der Flora . . . . . . . . . . . . . . . . . . . . . . . . . . . . . . . . . . . 133

Selbstverwaltung . . . . . . . . . . . . . . . . . . . . . . . . . . . . . . . . . . . . . 140

Unruhe vor dem Sturm . . . . . . . . . . . . . . . . . . . . . . . . . . . . . . . . 143

Golden Girls . . . . . . . . . . . . . . . . . . . . . . . . . . . . . . . . . . . . . . . . . 147

Letzte Versuchung . . . . . . . . . . . . . . . . . . . . . . . . . . . . . . . . . . . . 153

## Eis am Dach

Es ist Jänner. Ich komme von einer Reise zurück. Der Schnee liegt meterhoch. Der Taxifahrer hat weder Allrad noch Ketten. Ich frage ihn, ob er es den Berg hinauf schaffen wird. »Werden wir sehen«, sagt er. Wir sehen es nicht. Auf halber Höhe steige ich aus, schultere die Reisetasche, schlage die Fersen bei jedem Schritt fest in den gefrorenen Untergrund.

Am Beginn der Einfahrt, die zum Glück gefräst ist, bleibe ich einen Augenblick stehen, endlich daheim, die Reise ist anstrengend gewesen. Die Schneemauern zu beiden Seiten überragen mich bei weitem. Selbst der eine Laubenbalken trägt einen glitzernden weißen Kamm, der hoch aufragt. Das Haus aber fletscht die Zähne. Eiszapfen von der Dachrinne bis zur Schneedecke herab, und über dem Giebel wölbt sich eine gefältelte Krause, die jederzeit abstürzen kann. Ich getraue mich erst zu husten, als ich in der Küche stehe.

*Seite 2:*
*Frühsommerbeet mit*
*Aeonium*

*Seite 4:*
*Akeleien vor*
*Blutbuche*

*Seite 7:*
*Schneemauern*

*Linke Seite:*
*Das Haus fletscht die*
*Zähne*

erbert, der Fotograf, hat mir an die tausend Fotos von Pflanzen aus meinem Garten gebracht, zum Gustieren, wie er sagt, damit meine Gedanken in Fluß kämen. Was da alles geblüht hat in den letzten Jahren.

Schauen macht hungrig und durstig. Ein Gläschen Prosecco, ein Häppchen Lachs sind ganz im Sinne des Bilderjägers. »Wenn es dir nichts ausmacht«, er greift nach dem goldpapierbeschichteten Karton, auf dem der Lachs lag, und hält ihn unters warme Wasser, »den brauche ich als Aufheller beim Fotografieren.« Und er erklärt ausführlich, wie er den Karton auf einen Stock klemmen und so positionieren wird, daß Licht auf die zu fotografierende Pflanze gelenkt wird, nicht zu viel, nur ein Schimmer … Aus dem Schrank im Flur hole ich drei weitere gold- und silberpapierbeschichtete Kartons, die ich für ihn aufgehoben habe. So steht selbst das Lachsessen im Dienste der Pflanzenfotografie.

*Hagebutten im Schnee*

Die Blaa-Alm ist eine Niederalm am Fuße des Losers Richtung Rettenbach. Im Winter ist sie von einigen Langlaufloipen durchzogen, parallel dazu wurde eine Gehloipe präpariert. Meist führt sie durch schneebedeckte Wiesen, gelegentlich durch ein Stück Wald.

Die Gehenden heben erwartungsvoll den Kopf, blicken zum Gipfel des Losers auf, der sich von hier aus wie eine gewaltige Krone aus Stein ausnimmt. Im Jänner ist der Himmel öfter tiefblau, ohne den geringsten Wolkenschleier, und man kann immer wieder Ausrufe des Staunens, der Freude und der Bewunderung hören. »Die Pracht!«

Ich weiß nicht, warum in diesem Gebiet Schneekristalle besonders gut gedeihen. Ob es einfach ein klimatisches Phänomen ist, das ganze Wälder von mehreren Zentimeter hohen Kristallbäumchen, Gärten von Sternblumen und Schneestäudchen wachsen läßt, oder ob der Schnee selbst, angetrieben von soviel Bewunderung, sich in immer neuen Formen zur Schau stellt. Da ist ein Glitzern und Gleißen, von dem selbst die Einheimischen meinen, das müsse man gesehen haben.

Was würde erst der japanische Wasserwissenschaftler Masaru Emoto dazu sagen, der seit vielen Jahren mit besonderen Kameras Wasser und seine Kristalle fotografiert und der Meinung ist, das Wasser sei der Meister, der die Schwingungen, die Töne alles Seienden, hören und sie durch seine Kristalle als Information übertragen könne.

Er hat das Trinkwasser vieler Städte dieser Erde fotografiert. An seinen Kristallen läßt sich angeblich ablesen, wie heil oder wie gestört das Wasser (die Welt?) ist.

Manche Kristalle in Emotos Büchern sind wunderschön, aber ich habe darin keine so schönen gesehen wie die in der freien Natur beobachtbaren der Blaa-Alm. Vielleicht sollte ich Herrn Emoto einmal hierher bitten.

Während ich diese Zeilen schreibe, befällt mich mit einem Mal ungewöhnlicher Durst. Ich hole mir ein Glas, zolle dem Wasser wortreich Respekt dafür, daß es so einfach aus der Leitung rinnt, klar und ohne den Geschmack von Chlor. Und gleich schmeckt das Wasser noch einmal so gut.

## Rehe und Kätzchen

Man denkt, es sei nichts einfacher, als einen Palmkätzchenbaum zu setzen. Vor Jahren bestellte ich *Salix caprea* ›Silberglanz‹, eine Edelkätzchenweide, bei einer Versandgärtnerei. Pflanzte sie an die Einfahrt, schaute zu, wie sie zaghaft, allzu zaghaft, wuchs, und wußte nicht, was tun. Im ersten Winter knickte der Schnee ihr auch noch einige Äste ab, dennoch trieb sie aus.

Als ich nach einer mehrtägigen Reise zurückkam, war sie verschwunden, von irgend jemandem ausgerupft. Ich starrte ungläubig ins verbliebene Loch, verdächtigte insgeheim, ich will gar nicht sagen wen, und haderte mit Gott und der Welt.

Anderntags kam die Tochter der Nachbarin an die Tür, mit dem Weidenbäumchen unterm Arm, sie habe es oben am Hang gefunden. Schälspuren am Stamm gaben den Hinweis auf die Täter. Offensichtlich hatten Rehe den Leckerbissen mitgenommen.

Ich grub das Bäumchen wieder ein, mit viel frischer Erde rundum, beschwerte es auch noch mit Steinen, um eine erneute Verschleppung zu verhindern.

Während seiner Entführung muß auch das Weidenbäumchen in sich gegangen sein, denn von da an reckte und streckte es sich, brach in beinahe ungezügeltes Wachstum aus und gedeiht seither, wie es von Anfang an hätte gedeihen sollen.

Gerade habe ich seine frischen Kätzchen bewundert, die es bereits – bis zum Hals in Schnee gepackt – aufgesteckt hat. Seine Zweige sind nach einer kaum wahrnehmbaren Tauperiode wie mit Kristallzucker überzogen und zeichnen sich wie zerfallende Kondensstreifen von Flugzeugen gegen den immer blauer werdenden Himmel ab.

Nicht weit davon, nur näher am Haus, steht eine andere Kätzchenweide. Einer der Nachbarn brachte sie eines Tages als Stock und rammte diesen an der Stelle in den Boden, an der im zeitigen Frühjahr eine der Hangquellen zutage tritt, derentwegen seinerzeit die Einfahrt gepflastert werden mußte, um nicht vollkommen unterspült zu werden.

Dieses Bäumchen wuchs vom ersten Tag an, wie es sollte, muß nur hin und wieder im Sommer beschnitten werden, es macht also keinerlei Probleme. Und, danke ich es ihm? Ich muß mich geradezu zwingen, es zu erwähnen. Wohingegen mir das anfangs so zickige Weidenbäumchen immer zuerst einfällt, wenn von Palmkätzchen die Rede ist.

*Trughirsche auf Futtersuche*

in 1. Februar. Die Vögel schreien ihre Liebesgesänge durch die klirrende Luft. Der Schornstein des Nachbarhauses trägt einen verwegenen, halb ausgefahrenen *Chapeau claque* aus schief gefrorenem Schnee, und die Sonne bringt die Berggipfel zum Leuchten.

Die Spur eines Hasen zieht sich in derart verrücktem Hin und Her über die Schneedecke, daß man an einen Märzhasen glauben möchte, aber wahrscheinlich hat ihn nur der Hund der Nachbarin gescheucht. Die Akebie, die an einem Rankgitter bis zum Dach hochklettert, läßt endlich die Blätter fallen, die dann nachts im Tropfwasser der Eiszapfen an den Terrassensteinen festfrieren.

Auf der Fensterbank steht eine Amaryllis, die jetzt Ritterstern heißt und sich wahrhaft in Geduld geübt hat. Über mehrere Wochen hin schob sie ihre Knospen bedächtig an einem langen Stengel in die Höhe. Nun sind vier Blüten aufgegangen, die sich wie in Zeitlupe entfalten, so als wollten sie einem Zeit lassen, ihr erst grün, dann rötlich gemasertes Deckblatt zu studieren, das an der Spitze wieder grün ausläuft. Müßte ich sie jemandem, der an Pflanzen weiter nicht interessiert ist, beschreiben, würde ich sagen, sie sei eine durchwegs elegante Erscheinung.

*Ritterstern*

In einem Floristikgeschäft in Salzburg entdecke ich ein Glas, einen Viertelliterkelch, der durch eine kugelartige Verdickung mit seiner kreisförmigen Standfläche verbunden ist und in dem eine Schneerose mehrere Knospen treibt. Ihre Wurzeln sind in Erde und Moos gepackt und mit künstlichem, sehr feinem weißem Roßhaar, das von Silberfäden durchzogen ist, umwickelt. Zwischen den leicht gezackten waldgrünen Fünffingerblättern steckt das Innere einer Muschel, ohne die dunkle äußere Schale. Von ihrem matten Perlglanz hebt sich das grün überhauchte Weiß der sich nach und nach öffnenden Knospen lebhaft ab, ein Anblick, der einen trotz meterhohen Schnees an einen sich nähernden Frühling glauben läßt.

Ich habe viele Schnee-, aber auch Lenzrosen, *Helleborus orientalis*, im Garten. In den verwegensten Farbtönen von einem tiefen Weinrot bis zu einem ins Smaragdene verblassenden Mauve. Horste, die von Jahr zu Jahr zulegen und deren Blüten wochenlang vorhalten, wenn sonst noch kaum etwas zu blühen wagt. Weiß gilt da eher als die ordinäre Spielweise der Einheimischen.

So schön es auch ist, im Spätwinter an südseitigen Hängen die zartrosa überlaufenen oder gesprenkelten weißen Schalenblüten von *Helleborus niger* sich öffnen zu sehen, gerade weil es ganze Hänge davon in Gehweite gibt, möchte man sie nicht unbedingt auch noch im Garten haben. Eine Art von Snobismus, gewiß.

Doch bin ich schon im letzten Jahr beinah schwach geworden, als es bei einem der Discountmärkte ziemlich große weiße Horste in schwarzen Plastikeimern zu kaufen gab. Ich überlegte einen Vormittag zu lang, schon waren sie alle weggekauft. Diesmal erlag ich der Versuchung spontan.

Noch steht die weiße Verführung auf der oberen Veranda, wo ich sie täglich sehen kann, kühl und vom Schatten eines *Aeoniums* vor zu heftiger Sonneneinstrahlung beschützt. Wenn der Boden wieder frei ist, werde ich sie im schattigen Teil des Gartens aussetzen und sehen, wie die ursprünglich Einheimische sich im Heimischen zurechtfindet. Allerdings vermute ich, daß ihre Geburt wohl eher in einem niederländischen Treibhaus als in den österreichischen Alpen vonstatten gegangen ist.

# Hauswurz auf nordafrikanisch

Vor Jahren einmal gab es in einem Supermarkt Halbsträucher in bauchigen Tongefäßen, deren fleischige Rosetten entfernt an Hauswurzgewächse erinnerten, jedoch größer waren und an glatten festen Stengeln wuchsen. Die Nachbarin schenkte mir zwei Exemplare zum Geburtstag, und ich fand heraus, daß es sich um *Aeonium arboreum* (Syn. *Sempervivum arboreum*) aus der Familie der *Crassulaceae* handelte, also um Dickblattgewächse. Das Aeonium stammt aus den Gebirgen Madeiras, der Kanarischen Inseln und der Kapverden, Nordafrikas und des Mittelmeergebiets. Es würde sich auf beinah 800 m Seehöhe in den österreichischen Alpen nicht gerade wie zu Hause fühlen. Oder doch? Daß es keinen oder so gut wie keinen Frost vertragen würde, war mir klar. Mit dem Gießen sollte ich auch kein Problem haben, und ansonsten?

Die erste größere Schwierigkeit war die Wüchsigkeit. Den Pflanzen gefiel es sehr gut in der luftigen, sonnigen Höhe. Die Blätter färbten sich immer tiefer rot, je heißer der Sommer wurde, die Äste streckten sich, und beim ersten Anzeichen eines Gewitters samt Sturm kippten die Töpfe.

Ich erschrak – unnötigerweise. Die Äste, die beim Kippen geknickt worden waren, gaben gute Rosettenstecklinge, die bald anwuchsen und in der Nachbarschaft zu wandern begannen, bis alle Nachbarinnen versorgt waren.

Und der Winter? Na ja. Einige der Aeonien, die größeren, kamen in den Keller, die anderen auf die Veranda, in der es tagsüber, selbst im Jänner, sehr warm und nachts ziemlich kalt werden kann, da sie nur durch die offene Arbeitszimmertür vorm Durchfrieren bewahrt wird.

Die Keller-Aeonien werden immer grüner, zeitweise so grün wie ein Granny-Smith-Apfel. Die auf der Veranda treiben inmitten der Rosetten grün aus, färben sich an den fein behaarten Rändern terrakottarot, wobei die äußersten Blätter innen wieder mehr vergrünen.

Die im Keller neigen eher dazu zu verkommen als die auf der sonnigen, nachtkalten Veranda. Sie machen insgesamt viel Mist, da sie die äußeren Blätter, die langsam abtrocknen, verlieren. Sie erneuern sich aus dem Inneren der Rosette heraus.

Gefallen haben mir diese Dickblattgewächse immer schon, aber erst Herbert, der Fotograf, hat mir gezeigt, wie kunstvoll ihre schuhlöffelförmigen Blätter ineinanderstecken.

Die bauchigen Töpfe sind zwar schön anzuschauen, jedoch beim Umtopfen Grund für unvermeidliche Massaker. Da diese Gefäße oben ziemlich eng sind,

*Vorhergehende Seiten: Winterfrische auf der oberen Veranda: Zuflucht von Abutilon und englischen Edelgeranien*

18

lassen sich Wurzeln und Erde nur mit Brachialgewalt herausnehmen. Man versucht es mit Geduld, so lange bis dieselbe reißt, was damit endet, daß man den Topf wie im Furor zerdeppert und dann, wenn die Scherben nicht zu klein ausfallen, diese um andere Pflanzen drapiert, ein Abgesang auf ihre formale Besonderheit. Die kleineren Scherben existieren als Drainagematerial für andere Töpfe weiter. Mittlerweile wachsen meine Aeonien alle in Weitrandtöpfen und werden in heißen Sommern fast schwarz.

*Aeonium arboreum*

# Alle Wetter

Was wäre, wenn niemand mehr übers Wetter spräche? Wie ausgedünnt würde die menschliche Kommunikation erscheinen, wie schattierungslos. Nicht auszudenken, müßte man alles unbesprochen für sich behalten, was das größte und von Subventionen unabhängigste Theater der Welt, nämlich der Himmel mit seinen Wolken, an Provokationen und Skandalen bereithält.

Zum Beispiel in diesem Winter, der so voller Schnee und Eis, heftigen Stürmen und deftigen Minusgraden sowie blendendem Sonnenschein ist. Ein Nachmittagsblick in die Februarlandschaft, der Himmel rundum apricotfarben strahlend, als stünde die Erscheinung des Herrn bevor, der nur mehr einen dünnen Wolkenschleier beiseite zu schieben bräuchte. Ob die bemerkenswerte Färbung mit dem *Blutregen* zu tun hat, der in Vorarlberg bereits niedergegangen ist? Wüstensand, der in Nordafrika hochgewindet beziehungsweise hochgestürmt wurde und in Westösterreich herabfiel? Hier geht gar nichts nieder, nur das Licht hat einen (Wüsten?) roten Stich.

Der Garten ist noch so fest eingepackt, daß ich nicht einmal mit den Augen maßnehmen kann. Aber demnächst wird das Umtopfen der im Haus oder Keller überwinternden Pflanzen stattfinden. Spätestens, wenn es zu tauen anfängt und der Mond richtig steht.

Dann wird das Föhnszenario von den Rändern her zu schmutzen beginnen. Der Schnee fältelt sich über dem Hang mit all seinen größeren und kleineren Buckeln, seine Oberfläche schrumpelt, und entlang des Hauses perforiert das Getropfe von den Dächern seine lasche Decke.

Meist blüht um diese Zeit der Rosmarinstrauch auf der oberen Veranda, wenn ich ihn nicht aus kulinarischen Gründen zu sehr beschnitten habe, und die hauchrosa *Pleione formosana* ›Alba‹ öffnet gähnend ihre Orchideenlippen.

Gelb gehört eigentlich nicht zu meinen Lieblingsfarben, es sei denn, es tritt zusammen mit Weiß auf wie bei Spiegeleiern: das Gelb des Dotters und rundum das Eiweiß. Darum liebe ich Gänseblümchen, die sich mit Schlüsselblumen zusammentun, oder süß duftende Aurikel mit einem weißen Ring um die Staubgefäße wie die Sorte ›Tomboy‹, die in einem schmalen hohen Tontopf auf einer Stufe meines *Aurikel-Theaters* steht.

Eine weiß-gelbe Schönheit der besonderen Art ist *Iris bucharica*, die Geweihiris, eine zwiebelbildende Juno-Iris mit glänzenden Blättern. Sie stammt aus Zentralasien und trägt auf ihren weißen Hängeblättern je einen kräftigen gelben Fleck. Ihre Stengel bildet sie entlang der Blattachseln aus, aus denen die Blüten wachsen, und dort, wo sie herkommt, gedeiht sie in bis zu 1500 m Seehöhe. Wenn es ihr wo gefällt, bildet sie Horste. Ich hoffe, es gefällt ihr weiterhin in meinem Garten.

Das Gelb der rhizombildenden bartlosen *Iris sibirica* ›Butter and Sugar‹ ist nicht ganz so dottrig wie das von *Iris bucharica*, dafür sind ihre Hängeblätter in zartem Grün geädert.

Auch bei Lilien gibt es diesen weiß-gelben Doppelklang. Besonders bei *Lilium auratum* var. *platyphyllum*, der japanischen Goldbandlilie, die nicht nur eine Geschichte hat, sondern auch Geschichten macht.

*Euphorbia polychroma*

Ich habe vor Jahren bei Eiffler in Wien eine Zwiebel ergattert, die nicht mehr so wirklich perfekt aussah. Die Verkäuferin drehte sie skeptisch in der Hand, hielt sie dann gegens Licht und entschloß sich zu einem Preisnachlaß. Da es die letzte verbliebene Zwiebel war und ich noch nie die Gelegenheit gehabt hatte, eine zu kaufen, nahm ich sie. Setzte sie in allen Ehren im Garten ein – beinahe hätte ich »bei« geschrieben – und faßte mich in die erforderliche Geduld.

Im ersten Jahr geschah gar nichts. In den beiden folgenden Jahren mühte sich ein anämischer Stengel ans Licht, der nicht höher als 30 cm wurde (eigentlich sollte sie ausgewachsen 1,50 m messen) und so schlapp schien, daß ich ihm einen hübschen, rindenlosen Ast zur Stütze gab. Im vierten Jahr schien Leben in die Pflanze zu kommen. Sie wurde 1 m groß, und als ich schon nicht mehr an ihren Blühwillen glaubte, setzte sie Mitte August zwei Knospen an, die sich gegen Ende August zu zwei wunderbaren, riesigen Kelchen auswuchsen, die eines Morgens ihre Blätter leicht zurückschlugen und ihre herrlichen goldgelben Streifen zeigten. Bei dieser Pflanze überwiegt das Weiß, aber das goldene Band macht sie erst so richtig kostbar.

Es gibt Pflanzen, bei denen Weiß und Gelb beinahe kontrastlos ineinander übergehen wie beim Kalifornischen Mohn namens ›Buttermilk‹ oder bei bestimmten Lupinen, ›Chandelier‹ zum Beispiel, die wie erstarrte Sonnenstrahlen durch die Beete scheint.

Ein wunderbares Gelb, zitronig bis schwefelig, zeigen die Goldwolfsmilch *Euphorbia polychroma*, die ihre Horste an unvermutete Stellen im Garten übersiedelt, und *Fritillaria pallidiflora*, deren zartes blasses Frühlingsgelb von feinen grünen Streifen durchzogen ist, die sich zum Abblühen hin in leicht rostfarbene verwandeln.

Ansonsten mag ich noch warmes Gelb in Kombination mit Terrakotta wie bei manchen Dahlien oder mit Rotbraun wie bei Kapuzinerkresse.

Ich hätte nie geglaubt, daß ich so viel mir angenehmes Gelb bei Pflanzen zusammenkriege, wenn ich ernsthaft darüber nachdenke. Und schon bin ich mir sicher, daß beim nächsten Gang durch einen botanischen Garten noch einiges an Gelb dazukommen wird, obwohl ich nach wie vor davon ausgehe, daß ich Gelb eigentlich nicht mag.

*Lilie ›Jet Set‹*

Sammler sollen angeblich über Leichen gehen, echte Sammler. Ich habe in meinem Leben schon alles mögliche gesammelt, Puppen, Spielzeug, Kinderbücher, Pierrots …, und mich dann wieder vom größeren Teil dieser – zugegeben nie sehr umfangreichen – Sammlungen getrennt.

Meist standen die gesammelten Gegenstände in unmittelbarer Beziehung zu meiner schriftstellerischen Arbeit. Sobald das jeweilige Buch veröffentlicht war, interessierten mich die Dinge, die scheints die Aufgabe hatten, mich zu stimulieren, nicht mehr besonders.

So ging es mir auch mit den Kröten. Ich schrieb zwei Kinderbücher und eins für Erwachsene, in denen Kröten eine wichtige Rolle spielen, und fing an, sie zu sammeln. Daraufhin bekam ich jahrelang zu jedem Anlaß und bei jeder Gelegenheit Kröten geschenkt. Kröten aus Keramik, Kröten aus Holz, aus Eisen, aus Jade, aus Ton, ja sogar aus Elfenbein. Einige davon sind wunderschön, Kunsthandwerk mit tatsächlicher Skulpturenqualität, und ich freue mich noch immer an ihrem Anblick.

Von den meisten stellte sich jedoch bei genauerem Hinsehen heraus, daß es Frösche waren. Auch wurden sie mit der Zeit immer größer, die geschenkten Kröten und Frösche. Die größte Kröte steht als etwa 1 m hoher Naturfelsen, der annähernd Krötenform hat, an der Hauseinfahrt und hat den Status einer Krötenkönigin.

*Teich mit Iris pseudacorus*

Irgendwann kam der Punkt, an dem ich im Haus keinen Platz mehr hatte, all meine Kröten-Frösche so aufzustellen, daß man von ihrem Anblick auch etwas haben würde. Manche lohnten das Hinsehen jedoch nicht so recht.

Eines Tages begann ich dann, sie auszusetzen wie die vorgezogenen Pflanzen im Frühsommer. Verstaute da ein Exemplar hinter einem Gräserhorst, dort eins am Fuße einer *Clematis*. Plazierte zwei Stück deutlich sichtbar auf hölzernen Fundstücken (Herrn und Dame ohne Oberleib), sozusagen in Nicknähe. Und setzte sie dadurch allesamt den Gesetzen der Erosion aus.

Einige wurden dadurch, wie manche Menschen, mit den Jahren schöner. Verloren ihre ölfarbene Glätte und gewannen so etwas wie eine *natürliche* Oberfläche voller zarter Muster aus Sprüngen und Abblätterungen. Das gräßliche Grün, mit dem einige angefärbelt waren, wich einer anheimelnden Erdfarbe, und unnötige Wülste platzten und bröselten langsam ab. Manche erhielten dadurch einen geheimnisvollen Ausdruck, und Besucher erschraken hin und wieder, wenn sie unvermutet ein Gesicht zwischen wild austreibendem Blattwerk hervorlugen sahen.

Auf diese Weise sind einige Stücke meiner der Natur überantworteten Sammlung zu etwas ganz Besonderem geworden, zu einem *work in progress*, das nichts mehr mit ihrer industriellen Fertigung zu tun hat. Andere sind sogar zur Gänze in die Erde zurückgewachsen.

*Teichfrosch*

# Bärenöhrchen

Aurikeln kann, ja man muß ihnen in die Augen schauen, um ihre Schönheit würdigen zu können. Am besten stehen sie daher in Töpfen und in einem *Aurikel-Theater*, wie die Engländer es nennen. Darunter versteht man ein Gestell, beziehungsweise ein leiterförmiges Regal, das auf allen Stufen Licht erhält, jedoch seinen Platz nicht in der prallen Sonne haben soll. Da hat man es dann nicht so weit, wenn man an ihrem frühlingshaften Primelduft schnuppern und ihnen dabei, wie gesagt, in die Augen schauen möchte.

Ins Beet kommt nur das Fußvolk, ursprünglich *Auricula ursi* (auf deutsch Bärenöhrchen), die wüchsigen, bei denen es die Menge macht, daß sie als verläß-liche Frühlingsfarben nicht übersehen werden. Die schwieriger zu ziehenden kommen jedoch in besagtes *Aurikel-Theater* auf der unteren offenen Veranda, nicht alle in Augenhöhe, die Primadonnen jedoch auf die besten Plätze, som-mers wie winters.

Zur Zeit wage ich nicht einmal einen Blick in ihre Richtung. Wer hätte auch ahnen können, daß dieser Winter so hart, so schneereich sein würde. Die Töpfe stehen, von Noppenfolie umwickelt, in Blumenkästen, in den Zwischenräumen steckt Styropor. Die Stengel und Blätter sind seit Monaten in manchen Nächten bis zu minus 25° Frost ausgesetzt. Meine einzige Hoffnung beruht auf ihrer alpi-nen Herkunft, zumindest ihre Vorfahren müssen diese Art von Winterkälte aus-gehalten haben.

Irgendwann riskiere ich dann doch ein Auge. Der Wind hat ein wenig Pulver-schnee hereingeweht und die Topferde mit einer dünnen Schicht überzogen. Und siehe da, die einzelnen Pflanzen präsentieren sich mit langen Blattstengeln, an denen viel verwelktes Laub (schützend?) hängt, aufrecht – im Gegensatz zu *Helleborus sternii*, die schon im November schlappgemacht hat – und strecken an ihren Spitzen kleine grüne Blattbüschel ins Licht.

Inzwischen vergnüge ich mich mit ihren Namen, die zumindest ihren Duft suggerieren: Margaret Martin, Argus, Sirius, Paris, Trouble, Hinton Fields, Rajah, Tomboy, Moonglow und wie die Prachtaurikeln sonst noch heißen.

*Aurikel ›Argus‹*

# Schadensmeldung I

Ein paar warme Tage Ende März. Es tropft. Es tropft aus allen Löchern, von allen Rändern, durch alle verschobenen oder zerbrochenen Dachziegel hindurch. Der Schnee liegt, festgebacken, noch immer zu beiden Seiten der Einfahrt, wie die Mauern einer Festung und genauso hart. Auf der einen Seite stechen die geknickten Äste der Buchenhecke in die Luft, über der anderen Seite blühen die Palmkätzchen. Wenn kein tropischer April kommt, werden die Reste des Schneegemäuers noch im Mai zu sehen sein.

Und was Stück für Stück unter der weißen Last hervorapert? Lange Zeit begraben unter Dachabgängen? Wo immer etwas zum Vorschein kommt, überwiegt Abgerissenes, Geknicktes, Zerbrochenes.

Die Eiszapfen, die abgeschlagen wurden, als sie schon beinah bis zum Boden reichten, um die Dachrinnen überleben zu lassen, haben dicke Ranken des Wilden Weins mit in die Tiefe gerissen. Die riesige Buchsbaumkugel wurde von einer kindersarggroßen Eisscholle regelrecht halbiert und dient jetzt nur mehr als Attrappe. Nach unten zur Straße hin merkt man ihr nichts an, und die ramponierte Hinterseite sehe ich nur vom Kellerfenster aus. Ich habe mir vorgenommen, mich über all die zu erwartenden Verluste nicht zu kränken, sie als Chance für Neupflanzungen zu sehen. Für Gewächse, die ich immer schon haben wollte und für die kein Platz mehr war.

Aber hilft das?

*Helleborus,*
Orientalis-*Hybride*

# Schadensmeldung II

Ein bißchen Regen, eher zögerlich. Als hätte er Angst, vom vielen ange-schmutzten harten Weiß sogleich in Eis verwandelt zu werden.

Ein langer Spaziergang auf schneefreier Straße zwischen weich gewordenen Langlaufloipen. Auf einem kleinen Hang, vielmehr einer Schräge, jenseits des Weges ein paar Fichten, Lärchen und Gebüsch. Ein Stacheldrahtzaun trennt den Baumbestand vom Wegrain. Die Andeutung einer Viehweide? Die alte Badewanne, die so schief steht, daß sie kaum mehr zur Tränke taugen würde, zählt als Indiz, auch wenn ich noch nie Vieh hier gesehen habe.

Viele apere Flecken lassen die Südseite erkennen. Die ersten Schneerosen heben sich weithin leuchtend vom graubraunen Wurzelgrund ab und verzaubern das schäbige Gelände. Ihre grüngezähnten Blattfinger glänzen, als hätte jemand sie mit Firnis übersprüht. Umso stumpfer nimmt sich der alte unansehnliche Schnee dagegen aus.

Ein paar der Schneerosen sind schon aufgeblüht, während der Horst weiter knospende Schwanenhälse nachschiebt, die noch rosa überhaucht sind. Die Eleganz des Waldes allen lädierten Stacheldrahtzäunen zum Trotz.

Unten am Bach ist ein Haus unter dem Schneedruck zusammengebrochen. Die Bretter ineinander verkeilt, das rote Ziegeldach in zwei Teile zerfallen, einen größeren und einen kleineren, das Innere dem Blick der Vorübergehenden bloßgestellt. Eine Ytong-Wand ist stehengeblieben, mittlerweile vollkommen funktionslos.

# Aufschwung

Nach einer lange währenden Erkältung fühle ich mich frühlingsmüde und gartenabgewandt. Dann gebe ich mir doch einen Ruck, suche nach den selbst gesammelten Samen des Vorjahrs, die ich in einem Holzkistchen vermute und lange nicht finden kann, weil ich sie, in Blechschächtelchen verteilt, hinter einem Sack mit Sonnenblumenkernen auf der Kellertreppe versteckt habe.

Ich weiche die Torftabletten ein, hole den Sack mit Anzuchterde herauf in die Küche, schon um mich nicht neurlich zu erkälten, bereite die Miniglashäuser vor und überlege, welche Samen es eilig haben könnten. Die nächsten günstigen Saat- und Pflanztage kommen erst in der übernächsten Woche – laut Mondkalender. So lange will ich nicht warten. Wer weiß, vielleicht schlüpfen sie doch, es sind lauter Robuste, die früh in den Garten sollen.

Und während ich mit der Pinzette die einzelnen Samen der Mariendistel greife und sie mit Hilfe eines Pikierstabes im Torfmull versenke, steht mit einem Mal die ganze Pflanze vor mir, mit ihren weiß marmorierten, stachelig gezähnten Blättern und den violetten Distelblüten, wie sie letztes Jahr in einem Topf auf einem Drahtgestell fern jedem Schneckenfraß, anmutig und wehrhaft, dem Beet so etwas wie eine Höhendimension verlieh.

Plötzlich fühle ich mich gar nicht mehr so in mich gesunken und abgewandt, sondern aufgeregt und zukunftssüchtig. Ich möchte, daß sich bald etwas rührt unter der Plastikhaube am Fensterbrett.

*Mariendistelsamen*

Ich arbeite rascher, bringe die bewimperten Samen eines aparten, weiß-blühenden Doldenblütlers aus und erinnere mich, daß er von selber gekommen ist, gerade zu der Zeit, als ich begonnen hatte, mich ernsthaft für Doldenblütler zu interessieren, vorzugsweise für *Wilde*, und es ganz und gar nicht verstehen konnte, warum sie in den Gärten keine größere Rolle spielen.

Ich hatte eine niedrige Sorte namens *Orlaya wanchiflora* vorgezogen, deren Samen mir eine freundliche Dame aus Deutschland samt Foto der fertigen Pflanze geschickt hatte.

Der aber, der von selber gekommen war, erreichte in Kürze die Höhe eines Solitärstrauches – ein wenig kleiner als ich – und blühte den Sommer über bis in den Herbst hinein, mit seinen fiedrigen Blättern und den ziemlich großen kalkweißen Dolden. Die verschiedensten Insekten umgaben ihn wie ein Heiligenschein, ohne daß sie Schaden an seinen Blüten anrichteten – zumindest war nichts zu bemerken.

Und als nächstes öffnete ich das Hustenpastillen-Schächtelchen mit den Samen des tief violetten Ziergrases, die ich bei einem Dahlienzüchter in Stadlau zusammen mit violettem Zierbohnensamen abgenommen hatte. Und, und, und …

Leider hat sich später herausgestellt, daß die Aussätage doch nicht die richtigen waren, denn aus den Stadlauer Samen ist leider nichts geworden. Auch die Knollen der fast schwarzen Dahlie, die ich geschenkt bekommen hatte, haben den Winter in meinem Keller nicht überlebt, als einzige von all meinen Georginen, wie man früher zu den Dahlien sagte.

## Bollwerke gegen den Winter

Um diese Jahreszeit ist es geradezu leichtfertig, einen Landmarkt oder ein Gartenzentrum zu betreten. Gärtnerisch auf Entzug, wie man sei Monaten ist, treffen einen die mannigfaltigen Angebote ungewappnet. Man betritt das Verkaufsareal, weil man ein wenig Anzuchterde braucht oder wieder eines dieser gaggeligen Anzuchthäuser, deren Plastik so leicht bricht, oder das man im Schuppen zu gut verräumt hat. Oder man hält Ausschau nach Bonsaierde für die Aurikeln sowie Orchideendünger für die einzelne Orchidee, die man verehrt bekommen und die dann so lange geblüht hat, daß man es noch einmal mit ihr versuchen möchte, und ähnliche Kleinigkeiten. Wohl wissend, daß hinter all diesen Dingen, die als pure Notwendigkeit erachtet werden, das große Begehren lauert.

Man schiebt also den Verkaufswagen, in dem die paar *Notwendigkeiten* sich geradezu mickrig ausnehmen, gelangweilt – zumindest versucht man noch immer so ein Gesicht zu machen – vor sich her, mit dem Satz auf den Lippen: »Es ist ohnehin immer dasselbe Zeug, das hier herumsteht.« Auf den Lippen, sage ich, denn es fragt einen ohnehin keiner, wie man das Angebot findet.

Dennoch schärft sich der Blick, und die Nüstern werden weiter. Schon folgt man der zarten Duftspur zu den neu eingelangten Pflanzen hin. Fragte einen dennoch jemand, würde man sagen, daß man die dürftige Auswahl nur bestätigt sehen möchte, schließlich kauft man seine Pflanzen, nämlich die *echten* Gartenpflanzen, in Liebhabergärtnereien, allerdings später im Jahr, damit man auch schon erkennen kann, was man einsackt. Dieses Naserümpfen über die *industriell* hergestellten *basics* eines Blumengartens gehört genauso dazu wie das Verleugnen des Interesses, das sich instinktmäßig bei jedem grünen Blatt meldet, dessen man zu so früher Zeit im Jahr ansichtig wird.

Verächtlich läßt man den Blick über die winzigen Pelargonientöpfe gleiten, hat sogleich an der Haltung der knallgelben, -weißen, -roten und -blauen Primeln etwas auszusetzen, die zu wenig gegossen und auf zu engem Raum angeboten werden, zieht an den Maßliebchen vorüber, aus denen nicht mehr viel werden kann, riskiert einen Blick auf vorzeitig zum Blühen gebrachte *Zantedeschien*- oder *Mandevilla*-Hybriden, und plötzlich passiert es.

Man stockt, fühlt einen Riß durch den ganzen Körper gehen, der am Haaransatz im Nacken ausläuft, kneift die Augen noch enger zusammen, und schon steht man vor einer kleinen Kiste voller Japanischer Primeln, *Primula japonica*, die zu den Rändern hin weiß werden. Also ist es ›Miller's Crimson‹ und nicht

*Vorhergehende Seiten:*
*Reges Leben in den Fugen zwischen den Terrassensteinen und in allen Töpfen*

›Postford White‹, wie ich später aus dem Pflanzenlexikon der Royal Horticultural Society erfahre.

Ich schaue mich um, es ist tatsächlich die einzige Kiste, schließlich ist es ein einfacher Landmarkt und kein anspruchsvolleres Gartencenter, und so wird es auch die einzige Kiste bleiben. Wahrscheinlich hatte der Verkaufswagen irrtümlich eine unbestellte Kiste dabei, und eine der Mitarbeiterinnen meinte, na dann solle der Fahrer sie in Gottes Namen dalassen. »Die bringen wir schon an, sind ja ganz herzig. Nur der Preis …« Oder was weiß ich, wie die Kiste ins Sortiment gekommen ist. Jedenfalls steht sie da, vor meinen Augen, als Erfüllung eines Wunsches, dessen ich mir erst jetzt, wo das Angebot steht, bewußt werde.

Vorsichtig greife ich nach den gar nicht so kleinen Stöcken, um mir den mit den meisten Knospen und dem gesündesten Laub herauszupicken. Da ertönt wieder die altbekannte Stimme in mir: »Jetzt nur nicht knausern, du bereust es sonst noch. Und wenn du wiederkommst, um Nachschub zu holen, wird nichts mehr dasein.«

Ich sehe die Japan-Primeln schon auf dem Tisch der überdachten Terrasse stehen, als gewaltige Manifestation des Frühlings, als Bollwerk gegen den sich noch immer türmenden, zu Eis zusammengebackenen Schnee.

Mir ist natürlich klar, daß diese japanischen Wunderprimeln nichts als Glashaus und Verkaufsstelle kennen, daß man sie erst langsam ans Freie gewöhnen muß, was soviel heißt wie, daß sie nachts noch in den Schuppen müssen, ich also

*Ausgesetzte
Topfprimeln*

35

nicht vergessen darf, sie vor Einbruch der Dunkelheit einzuräumen. Nicht ein einziges Mal darf ich das vergessen, sonst erfrieren mir diese an sich Winterharten, die jedoch durch die Art ihrer Aufzucht verwärmt sind.

Die Untersuchung ist zu ihren Gunsten ausgefallen, Knospen, Blätter, alles perfekt, was könnte mich jetzt noch davon abhalten, die ganze Kiste zu nehmen, alle sechs. Aber das muß nicht sein, auch drei, zusammengestellt, bilden schon einen recht ansehnlichen Horst.

An der Kassa streift mich der versonnen lächelnde Blick einer Verkäuferin. Wahrscheinlich denkt sie, eine Blöde habe sich bereits gefunden, also wird sie auch die anderen drei los. Doch was schiert mich das? Ich kaufe auch noch einen Eimer, Eimer kann man immer brauchen, um die drei Primeln unbeschädigt im Auto der Freundin nach Hause zu bringen – Primeln und ihre Blätter knicken so leicht.

Die Freundin hat Grünzeug gekauft und eine *Mandevilla*-Hybride. Immer wieder dreht sie sich nach meinem Eimer um, obwohl sie beim Fahren geradeaus schauen sollte. »Kann sein«, meint sie nebenher, »daß ich später noch einmal vorbeischaue und mir auch so was nehme.«

Ich ermutige sie nicht, bin nur froh, daß ich der inneren Stimme gehorcht und nicht, wie sonst, nur ein Exemplar gekauft habe, um es eine Zeitlang zu beobachten und erst dann zu entscheiden, ob ich mehr davon möchte oder nicht. Und was gibt es da viel zu beobachten, sage ich mir, es ist eine Wunschprimel, sie blüht makellos und hat viele, viele Knospen.

Wieder zu Hause, stelle ich mir sofort den Wecker, um ja nicht zu vergessen, daß ich die drei Primeln gegen Abend in den Schuppen stellen muß.

# Schneestechen

Es gibt eine Arbeit, über die die Nachbarin und ich uns immer – die Augen verdrehend – lustig gemacht haben, nämlich Schneestechen. Wenn wir sahen, wie ältere Männer, längst pensioniert und mit Zeitüberschuß, ihre Schaufeln in die hohen Schneemauern, die vom winterlichen Fräsen zurückgeblieben waren, stachen, betonklotzartige Stücke herausbrachen, die sie dann in der bereits aperen Einfahrt oder auf der vorbeiführenden Straße breitklopften, damit sie rascher zergingen, zuckten wir anzüglich die Schultern und zwinkerten uns zu. Mein Gott, man würde es doch noch erwarten können, bis der Schnee von alleine geschmolzen war. Hatten denn die Leute nichts Besseres zu tun, als dem Schnee beim Zergehen zu helfen?

In diesem Frühjahr war alles anders. Jeder war von den zurückgebliebenen eisigen Festungsmauern, die verhinderten, daß der Frühling auch zu uns kam, entnervt, und die Nachbarin und ich ertappten uns gegenseitig dabei, wie wir, trotz drohender Rückenschmerzen, das mittlerweile von den Autos ziemlich verdreckte Weiß mit Schneeschaufeln zu attackieren begannen. Lustlos, das schon, aber mit der Kraft der Verzweiflung.

Und während ich, von meinem die Schneeschmelze beschleunigenden Herummatschen selbst peinlich berührt, mich zwischendurch ein wenig aufstützte, um zu verschnaufen, bemerkte ich eine Kohlmeise, die mir mit schief gehaltenem Kopf interessiert, ja geradezu fachmännisch zuschaute. Und gleich darauf erblickte ich eine Schneerosenknospe, die dort, wo ich am Tag zuvor etwas abgestochen hatte, unter dem noch gar nicht ganz geschmolzenen Schnee hervorlugte. Da ging mir die ganze Stecherei gleich leichter von der Hand, und ich hörte auf, mich für die *Pensionisten*-Arbeit zu genieren.

# Frühling am Straßenrand

Heute bin ich all die Schneeruinen entlang über die Obertressen nach Bad Aussee gegangen. Den Blick fest auf die Straßenränder geheftet, die schon frei sind, aber vollkommen unansehnlich, bedeckt mit Laub, das erst abtrocknen muß, damit es davonfliegen kann. Enttäuscht dachte ich schon, es schliefe noch alles unterm nässedurchtränkten Grasfilz.

Da war eine kleine Terrassierung am Wegrand, die der Sonne ein wenig mehr ausgesetzt war, und schon drängten sich Schneeglöckchen auf engstem Raum, noch ganz schmal, eher riemenförmig, mit Knospen, die wohl erst über Nacht ausgetrieben waren.

Und als es dann wieder scharf bergab ging, durch schütteren Hangwald – *Blutschwitz* heißt dieser Steilhang bezeichnenderweise –, bemerkte ich sie plötzlich, auch wenn sie noch gut mit alten Blättern und Moos getarnt waren: die ersten Buschwindröschen, Leberblümchen, und an einer Stelle, die der Sonne näher zu sein schien, spreitete sich die erste Löwenzahnrosette. Es ist also wieder soweit, trotz heftiger Gegenwehr des Winters.

Am Nachmittag habe ich dann die Aurikeln aus ihren Vlies- und Styropor-Winterschals gewickelt und ihnen die verlaubten Blätter abgezupft, als Anregung zu einem Wachstumsschub. Wie sie gleich wieder manierlich aussehen nach dieser Friseurarbeit. Meine Finger kleben noch von ihrem Saft, der sich wie flüssiges Harz anfühlt, aber anders riecht. Hoffentlich friert es heute nacht nicht wieder. Ich mag keinen Frost mehr dulden in diesem Frühjahr.

*Vorhergehende Seiten: Blick zum Loser*

## Avantgarde

Wie lange sich der Frühling heuer bitten läßt, man möchte schier den Mut verlieren. Zwei, drei halbwegs trockene, warme Tage, und schon liegt wieder Schnee in der Luft. Selbst der See ist noch zugefroren. Auf den schneefreien Flecken der sonnseitigen Wiesen werden Holzstöße für die Osterfeuer errichtet, die an manchen Stellen bis in den Schnee hineinreichen.

Die vor eineinhalb Jahren gepflanzte Hainbuchenhecke streckt ihre geknickten Leittriebe aus dem noch immer hart gefrorenen Schnee, der nicht aufgeben will, geschwärzt und in sich zusammensinkend, wobei er beim Sinken den ein oder anderen Ast mit abreißt.

Und dann die große Überraschung: Am Fuß des Steingartens, wo vor zwei Tagen noch Schnee lag, blüht ein kleines Geschwader dunkelvioletter *Iris reticulata*. Stramm wie Rekruten beim Fahnengruß, stehen sie dicht nebeneinander, über Nacht emporgewachsen, mit makellosen Blüten, dank der dreitägigen Trockenheit. Die blauweiß getupften Zungen mit dem leuchtendgelben Mittelstrich, den Insekten als Wegweiser herausgestreckt, die sich schon aus ihren Winterverstecken trauen.

An einer anderen schneefreien Ecke hat sich *Helleborus torquatus* etabliert, die kroatische Schneerose, mit pflaumenfarbenen Blüten, die ein grüner Schimmer überzieht. Ihre Blätter haben ein wenig gelitten, aber ihre Blüten hängen, wie aus Seide geschnitten, im lauen Wind. Dazu haben sich Schneeglöckchen versammelt, eine muntere Gesellschaft, die man vermeint kichern zu hören. Für morgen ist kurzfristig die Rückkehr des Winters angekündigt, ich kann und will es nicht glauben.

Als ließe sich der Frühling selbst nach einmonatiger Verspätung noch aus Gründen der Verantwortung bitten, nämlich nur so viel Schmelzwasser zu Tal zu schicken, als der See und seine Zuflüsse verkraften können, ohne gefährlich über die Ufer zu treten. Und so bleibt es nachts kalt. Auch wenn es tagsüber föhnig wird oder gar einmal die Sonne mehrere Stunden ohne Unterbrechung scheint.

Was ausapert, ist zermanscht, gebrochen, zu Boden geklatscht. Nur beim zweiten Hinschauen werden die Triebe, die Blattspitzen sichtbar, die sich allenthalben aus der Vermoosung bohren.

Gottlob blühen auf dem Terrassentisch noch immer die rosaweißen Japanischen Primeln. Sie bleiben nun auch über Nacht im Freien. Ich habe sie im Dreieck aufgestellt. Abends gab es Spargel, und aus dem Spargelwasser und den Abschnipseln wurde eine Suppe gekocht für den nächsten Tag. Im Kühlschrank wäre ohnehin kein Platz gewesen, also stellte ich den noch heißen Topf zwischen die Primelgeschirre. Ein bißchen erhöhte Temperatur zum Einstieg in die eiskalte Nacht … Sollen sie sich die Blätter daran wärmen, bevor sie gegen Morgen ziemlich steif dastehen in der frostigen Frühe.

*Frühlingsknotenblume*

Ein glasklarer Himmel, noch nicht tief blau, das wird er erst am späteren Vormittag. Veilchen säumen meinen Weg – klingt wie ein Gedicht. Hellblaue, die sogenannten *Hundsveigerln*, aber auch intensiv violettblaue, die duften. Zwischen Altaussee und Bad Aussee, in der Obertressen, lehnt weithin sichtbar die Radkappe eines Mercedes an einem Telegrafenmast. Ein türkisgrüner Plastikkamm leuchtet als Farbtupfer aus dem getrockneten Matsch des Straßenrandes.

Zur Zeit kann es dem Frühling gar nicht schnell genug gehen. Er läßt sich von Abertausenden von schwefelgelben Schlüsselblumen einläuten, nur der Schnee auf Gärtchen und Teich trotzt ihm noch.

›Katharina Hodgkin‹, die blaßblaue Iris-Zwergin mit der gelben, braun getupften Zunge und der zarten Schraffierung, hat über Nacht die Herrschaft über ein Beet angetreten, und die Helleboren stehen in Weinrot über Mauve bis hin zu Cremeweiß mit grünem Hauch stramm wie Ehrengarden ohne Königin.

Als wäre die Wiese gelb und weiß unterfüttert, brechen Schlüsselblumen und Buschwindröschen sowie Gänseblümchen aus dem noch zaghaften Grün hervor. Und als wäre das zu wenig nachdrücklich, schießen die lilafarbenen Kugelprimeln aus den Beeten, die blitzblauen Kaukasusvergißmeinnicht, Hyazinthen in Rot- und in Blauviolett und kleine Primeln in ziemlich ausgewaschenen Farben, die sich, den Töpfen entkommen, ihren jeweils eigenen, weniger spektakulären Farbton mischen.

Veilchen in Weinrot und Veilchen in Veilchenblau recken die Köpfe zwischen den Terrassensteinen hervor, und buttergelbe Pagoden- beziehungsweise Hundszahnlilien schwenken ihre Glockenhüte über den braun-grau-grün gestreiften, von irgendeinem Freßfeind durchbohrten, grundständigen Blättern.

Ja, er ist da, der Mai, der aus der Kälte kam und aus dem Schnee.

# Frühlingslust

Alle haben es eilig, die Menschen mit der Arbeit, die Pflanzen mit dem Wachsen, am eiligsten aber haben es die Erdkröten, die sich, kaum ist der letzte Eisklumpen geschmolzen, in den kleinen Teich stürzen.

Von der Küche aus kann ich die Wellen sehen, die sie im Zuge ihrer Liebesspiele machen. Ich gehe hinunter, um sie zu zählen. Es sind mindestens zwanzig. Dazwischen paddelt ein kleiner Bergmolch, kaum erkennbar, über den aufgewühlten Grund.

Die Wasserpumpe hat den Winter gut überstanden, trotz Eis und Schnee, und klärt nun das Wasser. Man kann den Kröten ansehen, wie glücklich sie sich in dem rasch wärmer werdenden Wasser fühlen. Sie sehen alle sehr jung aus, oder sind sie bloß ausgezehrt, weil sie so lange nichts Ordentliches zu fressen fanden? Manchmal schwimmen sie so, als würden sie aufrecht durchs Wasser schreiten. Im übrigen sind sie sehr diskret. Quaken nicht andauernd wie die Frösche, sondern verständigen sich sozusagen in Zimmerlautstärke.

*Sich paarende
Lilienhähnchen*

44

# Hähnchen ist nicht gleich Hähnchen

Es gibt ein Rot zwischen Koralle und Paprika, das das Auge erfrischt. Es paßt gut zu Lilien, aber auch zu Fritillarien. Dennoch löst diese Farbe bei mir die höchste Alarmstufe aus, sie bedeutet nämlich, daß das Lilienhähnchen zugange ist.

Das Lilienhähnchen ist ein Käfer, hübsch anzusehen, doch ein wahrer Berserker, der sehr unhübsche Löcher in die Pflanzen beißt und, wenn er nicht rechtzeitig entdeckt wird, denselben in absehbarer Zeit den Garaus macht.

Das Lilienhähnchen nimmt notfalls auch mit Schnittlauch vorlieb, und vor kurzem habe ich eine ganze *gang* von wahrscheinlich jugendlichen Hähnchen dabei beobachtet, wie sie von einem schon beinahe gemurksten Türkenbund zu den frischen Trieben des Pontischen Seidelbasts überliefen.

Bisher hat mir noch niemand ein Mittel nennen können, das diese gutaussehenden Wüstlinge verläßlich vertreiben könnte, also bleibt nur der persönliche Nahkampf. Mittlerweile sind meine Finger schneller, als ich Entscheidungen treffe, und sie haben Erfolg. In den meisten Büchern steht, daß Lilienhähnchen sich bei menschlichem Nahen sogleich zu Boden fallen ließen und auf Nimmerwiedersehen in Erdrissen verschwänden. Andere behaupten sogar, sie würden bei Berührung schreien.

Wäre ich Großwildjägerin, könnte ich mit den Trophäen der erlegten Hähnchen ganze Wandfluchten in einem Schloß behängen. So bleiben nur orangerote Flecken zwischen Daumen und Zeigefinger. Und schreien habe ich noch keines der Lilienhähnchen gehört. Da ich eindeutig auf seiten der Lilien und nicht der Hähnchen stehe, überwiegt die Erleichterung, den Schutz der Lilien vorangetrieben, das Bedauern, die Käferschönheiten zur Strecke gebracht zu haben.

Nicht so sehr der erste heiße Tag als das erste Gewitter bedeutet, daß es auch in diesem Jahr Sommer wird. Ein paar wärmere Tage mit Wind, schon trocknet der Boden aus, Hanglage, südostseitig. Kaum ist der Schnee geschmolzen, sind die Nachtfröste für dieses Frühjahr (hoffentlich!) vorbei, gleich macht der Wind Risse in die stellenweise noch nackte Erde.

Ich kann es nicht mit ansehen, wie junge Pflänzchen nach Saft gieren. Dabei läßt keines deutlich sichtbar Knospe oder Blätter hängen. Es sieht wahrscheinlich nur so aus, als darbten sie im etwas verkrusteten Boden. Da wünscht man sich sofort wieder ein wenig Regen, zumindest die Nacht über. Und daß der Wind aufhören möge.

Schon nähert sich das erste Gewitter. Apokalyptische Düsternis, himmlische Heerscharen belagern schwarze Wolkenburgen, wenn nur kein Hagel kommt. Ein Blitz als Vorhut, so als erkunde er das Terrain nach Möglichkeiten für Einschläge. Noch ist der Abstand zwischen ihm und dem Donner zu groß, als daß Gefahr drohte. Bevor sie aufeinanderstoßen, reißt die himmlische Zeltplane, und der Regen platscht in Güssen herab. Auf dem kleinen Teich werden die Tropfen handhoch wieder emporgeschleudert, dermaßen heftig prallen sie auf.

Der Efeu, den ich den ganzen Winter über auf einem Nordfensterbrett stehen hatte, wo er zwar überlebt hat, aber ziemlich unansehnlich geworden ist, fängt

*Fritillaria*
*acmopetala*

an, sich dem Regen entgegenzustrecken. Er ist auf und auf klebrig vom Sekret irgendwelcher Schädlinge, so daß ich mich seiner erbarmt habe und ihn auf eine umgedrehte, noch nicht bepflanzte Amphore auf der Terrasse stellte. Man kann förmlich sehen, wie alles Ungemach von ihm ablief und seine Blätter sich am Vorbeifließen der Tropfen laben.

Als sich dann der erste kräftige Donner hören läßt, ist es eher ein Pauken-schlag des Triumphs als die Stimme des Zorns. Selbst Wolfsmilch, austreibender Phlox, Krötenlilien und Fritillarien gewinnen sichtbar an Gestalt. Vom Laub der Rosen ganz zu schweigen. Nur die Irisse wären wohl ohne diesen Segen von oben ausgekommen. Aber sie stehen ihn durch wie die Disteln, die Karden und die Trockengräser.

Noch ein paar heftigere, krachendere Töne, die sich verklingend fortzeugen, das war es dann auch schon wieder. Erstes Gewitter? Eher eine geraffte Vor-ankündigung dessen, was im richtigen Sommer zu erwarten ist, Hagel mit eingeschlossen.

Ob der Efeu überhaupt ahnt, was Hagel bedeutet? Einstweilen kennt er nur den Regen, der in Kürze aus ihm einen anderen Efeu gemacht hat.

*Wolfsmilchblüten*

# Glöckchenreigen

*I*ris *elegantissima* hat drei Blüten. Zehn Tage später als sonst, so weit sind wir dieses Jahr hintennach, mindestens. Nicht alle Pflanzen stehen so geschützt, die exponierteren müssen bis zu drei Wochen aufholen. Und neben der ›erhabenen Schwertlilie‹ schaukeln zwei schwarze Glöckchen mit auffälligen Staubgefäßen im Luftzug – *Fritillaria camschatcensis*. So habe ich die beiden seinerzeit in ihren benachbarten Töpfen blühen sehen, und zwar im Kalthaus des Botanischen Gartens München.

Ich wollte, ich mußte sie haben. Der weite Weg führte nach mühsamen Erkundigungen über einen Zwiebelversand in Berlin, der die Knollen aus Amerika importierte. Und der natürlich noch andere Schätze anzubieten hatte: *Iris dardanus, Iris pumila, Iris soundso* … und dazu die schönsten aller Lilien.

Wenn ich nun durch den Garten gehe, sehe ich mehrere Fritillarien blühen: *meleagris* (die zierliche Schachbrettblume in Weiß und in Brombeer), *acmopetala* (mit breiten schokoladebraunen und hellgrünen Streifen), *uva vulpius* (braun und grau bereift), *michailovskyi* (bärenbraun mit Gelb), *persica* (mit einer großen schwarzen Glöckchenkerze). Besonders wohl im neuen sauren Beet scheint sich *pallidiflora* zu fühlen. Alle fünf Zwiebelchen haben prächtige, zart schwefelgelbe, dickblütige Exemplare gezeigt. Nur *purdyi* ist scheints verkommen.

Ich liebe diese zierlichen Glöckchen, die Reifröckchen und Lampenschirmchen. Das tun die Lilienhähnchen auch. Der Platz im Steingarten ist geradezu lilienhähnchenverseucht, wohingegen die beiden Kamtschatkerinnen neben *Iris elegantissima* unter dem Dachvorsprung unentdeckt geblieben sind. Noch.

Vielleicht sollte ich ein paar Kaiserkronen setzen, die Art, mit der Fritillarien ihre Form gesprengt haben, und sie den Lilienhähnchen zum Fraß überlassen. Erstens stinken sie, nämlich die Kaiserkronen, zweitens mag ich sie nicht besonders, und drittens könnten sie nicht nur Wühlmäuse, sondern auch Käfer vertreiben. Oder auf sich ziehen, damit die kleinen, weniger pompösen ihrer Art unbenagt blieben. Die Frage ist nur, ob mit Lilienhähnchen diese Art von *deal* überhaupt zu machen ist.

*Top-Lilie ›America‹*

# Kuhtritt

Letztes Jahr bekam ich von einem Gärtner namens Wolf auf der drüberen Seite des Pötschen-Passes eine *Wulfenia* geschenkt. Herr Wolf ist der Sohn des Begründers des hiesigen Alpengartens und hat den Großteil seines Lebens als Stadtgartendirektor in einer größeren deutschen Stadt verbracht, bis er zurück in sein Heimathaus kam, um weiter zu gärtnern, nun zum Vergnügen, und nur zum Vergnügen, wie Pensionisten es gerne tun.

Er schenkte mir also, als ich ihn besuchte, eine *Wulfenia*, die auf deutsch ›Kuhtritt‹ heißt und die angeblich in Österreich nur in Kärnten auf dem Naßfeld einen natürlichen Standort hat. Ansonsten ist sie in Südosteuropa zu Hause, vor allem im bergigen Albanien.

Ich hatte keine Ahnung, wie so ein ›Kuhtritt‹ auszusehen hat, wenn er fertig ist. Die Rosette in dem Töpfchen war sehr klein, und die paar Exemplare im Steingarten des Herrn Wolf waren schon abgeblüht.

Nachdem ich mich in der Pflanzenenzyklopädie der Royal Horticultural Society kundig gemacht und erfahren hatte, daß der ›Kuhtritt‹ zu den Scrophulariaceaen beziehungsweise zu den Braunwurzgewächsen gehört, humusreichen, feuchten, aber wasserdurchlässigen Boden braucht und vollkommen frosthart ist, setzte ich ihn in das Beet hinterm Haus, wo er zwar nicht den ganzen Tag, aber doch den größten Teil des Vormittags und dann wieder am späten Nachmittag in der Sonne stehen würde. Und da mir der Name ›Kuhtritt‹ zu denken gab, bat ich die Nachbarin um einen jener getrockneten Kuhfladen, die sie immer für Notfälle in Reserve hat, zerrieb ihn händisch – natürlich mit Gummihandschuhen, falls es jemanden interessiert – und ließ ihn auf die unmittelbare Umgebung des ›Kuhtritts‹ niederbröseln.

Den Sommer über geschah nichts. Die Rosette wurde kaum merklich größer, und als der Herbst kam, legte ich einen dicht benadelten Tannenzweig darüber, da man den ›Kuhtritt‹ im Winter vor Nässe schützen soll. Es schneite auch dieses Jahr im November zu, und der ›Kuhtritt‹ kam erst Ende März wieder zum Vorschein, und zwar mit derselben schütteren Rosette, mit der er unter den Schnee gekommen war.

Die Schmelznässe lief von ihm ab, da das Beet eine ziemliche Schräglage hat und der ›Kuhtritt‹ obenauf thront. Wieder geschah eine Zeitlang nichts. Dann, Ende April, begann die Rosette sich zu füllen, und ihre Blätter streckten sich. Ich legte etwas Kompost nach, bemerkte jedoch keine spektakulären Veränderungen.

Mitte Mai verreiste ich ein paar Tage. Als ich zurückkam, schaukelten zwei Knospen in der Form von abstehenden Flaschenbürsten im Föhnwind, und als ich eine Woche später wieder von einer kleinen Reise zurückkam, hatten sich die Flaschenbürsten in wunderhübsche blaue Blütentrauben verwandelt, deren Fröhlichkeit sich auf das ganze obere Beet übertrug, auf dem die gelben Hundszähne respektive Pagodenlilien ihren anmutigen Auftritt schon hinter sich und die Japan-Anemonen noch nicht einmal Knospen angesetzt hatten.

Ich hoffe nur, daß der Kuhtritt noch eine Weile durchhält, bis die röhrenförmigen Blütchen seiner Trauben sich allesamt geöffnet haben, und er weiterhin meinem Ehrgeiz, zu jeder Jahreszeit etwas Blühendes in den Beeten zu haben, zuarbeitet, zumindest bis die neu gepflanzte Hosta ›Fire & Ice‹ ihre weiß-grün gestreiften Blätter zur Gänze ausgewickelt hat, was einer Blüte ohnehin sehr nahe kommt.

*Hohe Bartiris*
*›Constant Wattez‹*

# Der Teppich zu meinen Füßen

En gros gesehen, zeigt der Garten sich trotz feuchten, kühlen Wetters bereits von seiner Schokoladenseite. Verschiedene Tulpeninseln in gedeckten Rot-, Violett-, Karmesin-, Rosa- und Cremetönen harmonieren mit lilafarbenem Flieder, mit dem Magenta der Silberlinge und den verblassenden Mauvetönen der Lenzrosen. Kuckuckslichtnelken setzen sich wie mit Absicht in noch blütenlose Beetpartien und werden im kompostbestäubten Boden üppig und pinkfarben wie in der Wiese nie.

Die dunkel- und hellblauen *Iris germanica* verabschieden die weiß-gelben *Iris bucharica*, die Aurikeln schauen mit vielfarbigen Gesichtern von der Veranda in den Garten, und das Grün treibt in allen nur denkbaren Formen von fieder- bis dickblättrig aus dem Boden. Wenn man sich nicht ins Detail verrennt, sieht man auch die Löcher im Blattwerk nicht, die von Schnecken, Dickmaulrüßlern, Erdflöhen, Raupen und Käfern gebissen wurden, und selbst die kalkweißen Spuren von Vogeldreck wirken von weitem wie eine extravagante Blattfärbung.

Eine besondere Augenfreude bildet das formale Gärtchen, das nun in seine zweite Saison geht. Es wurde anstelle der zermorschten Hochbeete, überhaupt des mit Himbeeren, Brombeeren und bei Regen verfaulenden Kürbissen verrankten Gemüsegärtchens an der einzigen halbwegs ebenen Stelle des Grundstücks angelegt. Drei rechteckige Beete mit Rundung zum Zentrum hin, dazu auf dem vierten Karree eine Laube mit Blick auf Loser, Trisselwand und zum See hinunter.

Das Gärtchen liegt genau unter meinem Schlafzimmerfenster, und jeden Morgen, wenn ich die Vorhänge zur Seite schiebe, nehme ich die Welt zuerst als formales Gärtchen wahr, was den Tag gut anfangen läßt.

Die drei Beete sind mit unterschiedlicher Erde gefüllt: saure, stark gesandete und Lehmerde mit viel Humus. Demgemäß verschieden sind die Pflanzen, prosaisch ausgedrückt: Moorbeetliebhaber, Schwach- und Starkzehrer.

*»Damit kannst du dich jetzt spielen«*, sagte der Landschaftsgärtner, der das Gärtchen anlegte. Er hatte sogar alte rechteckige Granitsteine für die Einfassung der Beete vorrätig, und damit die ausgesperrte Wiesenwildnis nicht gleich wieder eine Invasion veranstaltet, wurden die Wege gekiest und an ihren äußeren Rändern, zur Buchenhecke hin, mit Metallbändern begrenzt.

Ich brauche mir also nur mehr den Kopf darüber zu zerbrechen, mit welchen Pflanzen ich den Teppich mustere. Der Blick von oben ist dabei sehr hilfreich. Hilfreich und wohltuend. Man sieht danach gleich viel besser.

# Nachruf

Angesichts der jungen, glänzendschwarzen Kätzin Mohrli, die meinen Garten als Revier erobert hat, gilt es, einen Nachruf zu halten. Einen Nachruf auf den Kater Max, in der Nachbarschaft seines mörderischen Talents zur Jagd wegen *der rote Khmer* geheißen, der dreizehn Jahre lang der Hüter von Haus und Garten war, ohne mir zu gehören. Sein Zuhause, das er nur ungern mit seinem Bruder Flocki teilte, war zwei Häuser weiter, er aber kam mehrmals am Tag, um nach mir und nach dem Rechten zu sehen. Er war Ritter und Macho in einem, der sich weder von Schneestürmen noch von lärmigen Besuchern davon abhalten ließ, seinen *snack* einzufordern oder auf meinem Sofa einen *nap* zu nehmen.

Seine Begabung zur Jagd wurde nur noch von seiner Begabung zum Schauspieler übertroffen. Er wirkte in sämtlichen Fernsehbeiträgen über mich mit, ob Gartenportrait oder Interview, meist indem er sich auf meinen Schoß setzte und mit seinem geräuschvollen Schnurren die Tonmeister zur Verzweiflung trieb.

Bei Dreharbeiten im Garten war er notfalls bereit, eine Szene zu wiederholen, und einmal, als ich mir bereits größte Sorgen um ihn machte, da er nach Beginn des Interviews noch immer nicht eingetroffen war – für gewöhnlich tauchte er spätestens bei Ankunft des Teams auf, oft auch schon, einem Instinkt gehorchend, etwas früher –, brachte er sich mit einem Mal derart nachhaltig durch Klopfen ans Fenster in Erinnerung, daß wir das Interview unterbrechen und ihn hereinlassen mußten. Er sprang sogleich und wie gehabt auf meinen Schoß, begann zu schnurren und verhalf mir damit – wir hatten neu beginnen müssen – zu wesentlich gelasseneren Antworten.

Wie alle Exzentriker hatte er merkwürdige Angewohnheiten, zum Beispiel eine gewisse Korrektheit, an der ich sogleich feststellen konnte, wann seine Leute für ein paar Tage verreist waren. Er legte mir dann täglich eine Maus, einen Bilch oder ein junges Eichkätzchen, mehr oder weniger filetiert, vor die Tür, sozusagen als Kostgeld, obwohl ich ihn auch sonst mehrmals täglich mit seiner Lieblingsnahrung – *Katzen würden Whisky saufen* – bei Laune hielt.

Gelegentlich ließ er mich – obgleich in der Jugend entmannt – an seiner katrigen Unruhe teilhaben, indem er abends fünf- bis zehnmal ans Fenster klopfte, gekrault oder gefüttert werden und dann sogleich wieder hinaus wollte.

Ansonsten hielt er den Garten katzenfrei, was nicht immer ohne Kämpfe abging. Vor allem die ausgerupfte weiße Unterwolle seines Bruders lag des öfteren in großen Büscheln auf den Terrassensteinen. Den Tiger Bussi, etwa gleich alt und gleich stark und ebenfalls aus der Nachbarschaft, zu vertreiben, gelang ihm

nie endgültig, doch konnte er ihm die Besuche in unserem Haus durch ständige Kampfbereitschaft derart madig machen, daß er immer seltener vorbeischaute. Durch die Exklusivansprüche von Max wurde im großen und ganzen verhindert, daß andere Katzen ihre Notdurft in meinen Beeten verrichteten, und Max selbst hätte sich in Haus und Garten, die er als die seinen betrachtete, nie vergessen.

Ritter Max war das verläßlichste männliche Wesen in meinem Leben, groß und stark, launisch und humorvoll und äußerst trickreich im Hinhalten von Fotografen. Er war nun einmal ein Fan von bewegten Bildern und hätte sich mit jedem Eindringling, der keine Kamera geschultert hatte, aufs schärfste angelegt.

Als er eines Tages nicht kam, ahnte ich, daß etwas geschehen war. Am zweiten Tag ohne ihn war ich mir sicher. Seine Leute und ich suchten alle seine Verstecke ab, gingen seinen Weg hinauf zum Wald nach, riefen, schrien, lockten – vergebens. Er war weder Opfer eines Autounfalls noch einer Krankheit geworden. All das hätte Spuren hinterlassen. Er verschwand spurlos, und zwar im Bauch einer Füchsin und ihrer vier Jungen, die vor Sonnenaufgang auf der Wiese oberhalb von unserem Haus ihr Wesen trieben.

Max war durch die doppelte Verköstigung über die Jahre hin zunehmend gut im Fleisch gestanden, wenn auch keineswegs unförmig, und er hörte schon einigermaßen schlecht, was seine Qualitäten als Jäger jedoch nicht beeinträchtigte. Ein wenig beleibt und ein wenig bejahrt und der König seines Reviers, meines Gartens, achtete er wohl nicht mehr so sehr auf mögliche Feinde. Selbst die jederzeit geharnischte Dackelhündin vom Haus weiter unten, die meine Küche ebenfalls für ein Kaffeehaus der tierischen Art hielt und mit der er sich so manches Scharmützel geliefert hatte, war mittlerweile alt und behäbig geworden. Wen sollte er also fürchten? Eine Fähe, die vier hungrige Mäuler zu stopfen hatte. Tat er aber nicht. Möglicherweise aus machistischer Verblendung. Oder hat er das Schicksal herausgefordert? Von Jäger zu Jägerin?

Da es keine andere Erklärung für seinen Tod gibt, versuche ich sogar eine Art fatumsmäßige Zielgerichtetheit darin zu sehen, daß er, der selbst so vielen kleineren Tieren ein Ende mit Schrecken bereitet hatte, in einem größeren Bauch sein Ende gefunden hat. Ein so viel gemäßeres Ende als sein Bruder, der noch viele Injektionen und Aufsperrungen seines Mauls zwecks Medikamenteneinwurf zu erdulden hatte ebenso wie sein langjähriger nachbarlicher Konkurrent Bussi. Somit ist diese Generation insgesamt über den Jordan gegangen.

Nach ein paar Jahren ist die Welt nun weiblich geworden. Das Revier hat eine *Zeit der Streitenden Reiche* erlebt wie das Alte China oder eine *Zwischenzeit* wie das Alte Ägypten.

*Tulpe ›May Wonder‹*

Ein gewisser Osama, eine Norwegische Waldkatze, wenn auch als Nachfolger von Flocki und Max gezähmt und verhätschelt, versuchte sein Glück ohne rechten Erfolg. Noch im letzten Sommer scheuchte eine alte schwarz-weiße Pinki die blutjunge Mohrli lautstark durch die Gegend und manchmal sogar das Dach hinauf. Immer ging es darum, wer imstande sein würde, meine untere Veranda mit Blick auf das Sträßchen und den See für sich als *gehobene Position* in Beschlag zu nehmen. Der Erfolg blieb wechselnd.

Erst in diesem Sommer sind die Besitzverhältnisse wieder klar. Die alte Pinki liegt unter einem Marillenbaum, was den Marillen einen besondern Geschmack verleihen soll, und Osama hat mit der Nachfolge der beiden Brüder zu Hause genug zu tun.

Mohrli hat an Kräften zugelegt und gähnt mich herausfordernd an, wenn ich die Veranda betrete. Ich habe ein altes Handtuch auf die Kissen gelegt, um sie nicht nach jedem ihrer Besuche waschen zu müssen, wenn sie sich darauf sauber geleckt und gebissen hat. Neulich bemerkte ich erst nach Stunden, daß sie auf meinem weißen Sofa im Wohnzimmer schlief. Ohne die geringste Scheu. Als ich sie anredete, streckte sie sich ausführlich und drehte sich auf die andere Seite.

Da Mohrli aus einem Haus mit Kindern stammt, wage ich nicht, ihr etwas zum Fressen anzubieten. Ich möchte mir nicht vorwerfen lassen, sie den Kindern abspenstig zu machen. Ich bin schon froh, wenn sie die Beete wieder katzenfrei hält.

*Ein junger Fuchs*
*auf Nahrungssuche*

# Bufo bufo

Während ich kurz von meinem Schreibbuch aufschaue, sehe ich eine der Nachbarinnen mit einem Topf samt draufgehaltenem Deckel zum Teich hinunterhuschen. Das kann nur eines bedeuten: Lebendtransport. Ich trete ans Fenster, um die Auswilderung besser beobachten zu können, schon plumpst etwas Braunes, Kompaktes ins Wasser. Wieder hat man eine der Erdkröten zu ihrem Ausgangspunkt zurückgebracht. Nicht alle sind die 2 km, die ich einer Tabelle für den Radius der Lebensräume von Amphibien entnehme und die für Erdkröten als maximale Entfernung vom Gewässer ihrer Metamorphose angenommen werden, bis ans Ende gehüpft.

Einige möchten lieber hier in der Nachbarschaft wohnen bleiben und werden dann bei Gartenarbeiten in ihren Verstecken unter Stauden, Steinen und Hecken undanks aufgestöbert. Meist ertönt dabei ein spitzer Schrei und kurz darauf wird die Erdkröte mit allen Anzeichen des Grausens in meinem Teich deponiert. Eine Sisyphos-Arbeit, denn nachdem sie abgelaicht haben, steht den Kröten nicht mehr der Sinn nach Bädern, eher schon nach Wandern, jedenfalls nach festem Boden unter den Füßen.

Letztes Jahr rief mich eine Nachbarin zu Hilfe, die beim Auflockern der Erde in ihrem Rosenbeet auf eine *bufo bufo* (so heißen die Erdkröten auf lateinisch) stieß und vor Schreck und Grausen beinah in Ohnmacht gefallen wäre. Ich kam also mit Gartenhandschuhen und einem Eimer, um das ungewöhnlich große und dicke Exemplar zu bergen und es unter meiner Hecke auszusetzen.

Einige Tage später, es war inzwischen ziemlich heiß geworden, hörte ich im und aus dem Schuppen immer wieder ein leises kratzendes oder scharrendes Geräusch, das ich nicht wirklich orten und schon gar nicht deuten konnte. Erst als ich der zunehmenden Hitze wegen zum Wasserhahn ging, um den Schlauch anzuschließen, entdeckte ich die Kröte im Wassereimer, der unter dem Hahn steht, um das Tropfwasser aufzufangen. Sie stand aufgerichtet da und versuchte, bis zum Rand hochzuklettern und dann darüberzuspringen, was ihr nicht und nicht gelingen wollte. Natürlich würde mich interessieren, wie sie in den Eimer gekommen ist, aber das wird wohl ihr Geheimnis bleiben.

Ich nahm wieder einmal die Gartenhandschuhe, hielt den Eimer damit zu und setzte die Kröte, die ich inzwischen Milli nannte, im Schatten unter den Hostablättern aus.

Von da an spürte ich häufig ihre Gegenwart. Und an manchen Abenden, wenn es warm genug war und ich allein auf der Terrasse saß, um noch ein wenig zu lesen oder Notizen zu machen, konnte ich sie in den Beeten leise rumoren hören. Gelegentlich stattete sie mir einen Besuch ab, watschelte bis an die Küchentür, warf einen Blick in das Schüsselchen, aus dem die Dackelin aus der Nachbarschaft ihr mir abgepreßtes Futter frißt (abgepreßt, weil sie immer so lange bellt, bis sie etwas bekommt), und zog dann gemächlich eine Schleife um meinen Tisch. Ich redete ein wenig mit ihr, und sie hielt immer wieder an, um mir zuzuhören und mich mit einem Zauberblick aus ihren smaragdenen Augen zu bannen.

Ich weiß nicht, was aus Milli geworden ist, rechne aber fest damit, daß sie ihre Besuche auf der Terrasse in diesem Jahr fortsetzt. Dazu müßten aber erst die sintflutartigen Regenfälle aufhören, und die Temperatur – es hat tagsüber mickrige 5° Celsius, und die Berge tragen frische Schneekappen – müßte endlich wieder steigen. Sie hätte auch allen Grund dazu, denn wir schreiben Ende Mai. Sogar die Wetterdame im Fernsehen hat sich versprochen und Ende März gesagt.

*Erdkröte Bufo bufo*

58

# Rabenschwärze

Der junge Kuckuck, den eine Nachbarin in ihrem Nußbaum entdeckt hat, schreit, als hätte er Halsschmerzen. Vielleicht ist er nur schlecht eingestellt oder seine Sippe ist mutiert. Wie ich in meinen Aufzeichnungen vom letzten Jahr nachlesen kann, habe ich mich schon damals über den *unreinen* Kuckuckston gewundert, der wohl noch von der Mama stammt, die auch heuer um die Wege ist, um das Gedeihen ihres Sprößlings aus naher Entfernung zu verfolgen, obgleich sie ihn artgemäß in die Babyklappe gesteckt hat.

Seit sie keine Angst mehr vor Kater Max haben müssen, nisten wieder mehrere Vögel im Wilden Wein, im Geißblatt und in der Blutbuchenhecke. Meisen, Rotkehlchen und Rotschwänzchen, Amseln, auch Bachstelzen sehe ich immer wieder am Teich unten und ganze Geschwader von Grünlingen und Spatzen. Gelegentlich schaut auch das Hohe Paar am Teich vorbei, zwei Rabenkrähen, die auf dem riesigen Ahorn im Dackelinnen-Garten nisten, da nehmen dann alle anderen Vögel Reißaus.

Nicht daß den Krähen besonders am Badespaß gelegen wäre. Vorsichtig, wie sie sind, schauen sie sich viel zu oft um, als daß sie sich bedingungslos wie die Amseln dem Vergnügen hingeben könnten. Auch sind ihre Annäherungen ans Haus eher zögerlich. Während ich im Garten arbeite, beobachtet mich eine der Krähen tagelang von der oberhalb gelegenen Wiese aus.

Bei der Kuckucksnachbarin, um deren Garten weder Zaun noch Hecke läuft, sind die Krähen weniger distanziert. Die Nachbarin kennt die Familien, weiß, wie viele Junge es in jedem Jahr gibt und wo die anderen Mitglieder des Clans ihre Nester haben.

Letztes Jahr hat eine der Krähen – ob es diejenige war, die mich so lange beobachtet hatte, läßt sich nicht sagen – einen Vorstoß gewagt. Ich war mir sicher, daß es ein Er war, schon allein der Größe wegen. Geredet hatte ich schon mit ihm, als er noch in der Wiese herumstolzierte, sollte er es tatsächlich gewesen sein. Da legte er dann den Kopf schief und ließ mich erst recht nicht aus den Augen.

Eines Morgens konnte ich ihn samt Begleitung auf dem Dachvorsprung sitzen sehen. Er pickte nach etwas in der Dachrinne, flog jedoch sofort auf, als er durchs Eßzimmerfenster erspähte, wie ich den Kopf von der Teetasse weg- und ihm zuwandte.

Am Nachmittag hatte ich Besuch. Wir unterhielten uns angeregt, als mein Bruder, der mit Blick auf den Garten saß, behauptete, eine Krähe würde einen schweren Gegenstand durchs obere Beet zerren. Neugierig schlich ich hinaus, aber dieser Schlaufuchs von Krähe bemerkte mich sogleich und flog auf.

Im Beet lag die Drahtspirale mit den zwei Meisenkugeln, die ansonsten mit einem Drahthaken an der Dachrinne eingehängt ist. Ich hatte diesen raffinierten Futterspender vor Jahren in London bei der Chelsea Flower Show gekauft und dieses Mal vergessen, ihn rechtzeitig abzuhängen. Die beiden Meisenkugeln sahen aus wie Apfelbutzen, so sehr waren sie von allen Seiten bepickt worden. Der Krähenmann hatte sie sich mitsamt der für ihn doch ziemlich schweren Futterspirale ohne viel Federlesen gegrapscht.

Ich nahm die Reste der Kugeln heraus und legte sie deutlich sichtbar auf einen umgedrehten Blumentopf. Ein Versuch, den Krähenmann in meine Nähe zu locken. Vergebens. Entweder war ihm das ranzige Fett, das die Körner zusammenhielt, nicht mehr gut genug, oder die ganze Sache mit dem Garten, in dem ich jederzeit auftauchen konnte, erschien ihm zu stressig.

Inzwischen habe ich bei einer jungen Designerin einen täuschend ähnlichen Plastikraben gekauft, der seitdem in einem umgekehrt in die Erde gerammten Wurzelstock hockt. Vielleicht flößt er seinem Kollegen aus der Natur Vertrauen ein, und er nähert sich wieder, oder ich muß weiterhin mit seinem leblosen Ebenbild vorliebnehmen. Das Auge ist von seiner Gestalt in jedem Fall fasziniert.

# Schönwettergartler

In einer der letzten Nummern der englischen Gartenzeitschrift ›HORTUS‹ wundert sich Noël Kingsbury, ein von mir höchst geschätzter englischer Gärtner und Gartenschriftsteller, in seiner Glosse *Snippets* über die Klagen des Leiters einer Gartenzubehörkette, daß 2004 das schlechteste Verkaufsjahr seit langem gewesen wäre. Es stellte sich heraus, daß die gewöhnlichen *Gartler* in England, wie wohl auch anderswo, Schönwettergartler sind. Im Klartext bedeutet das, wenn donnerstags und freitags das Wetter halbwegs trocken und warm ist, kaufen die Leute am Wochenende im Gartencenter ein. Wenn nicht, gehen sie in die Shopping-Mall. Noël Kingsbury dazu im O-Ton: »HORTUS-Leser und andere leidenschaftliche Gärtner mag dieses Verhalten verblüffen, denn wenn wir entscheiden, daß im Garten etwas zu tun ist, tendieren wir dazu, hinauszugehen und es zu TUN – ganz egal, ob es regnet oder die Sonne scheint.«

Ich würde gerne wissen, was andere HORTUS-Leser oder Noël Kingsbury höchstpersönlich an einem 1. Juni wie heute tun würden, wenn es draußen 5° Celsius hat und der Schnee beinah wieder vor der Haustüre liegt. Ich jedenfalls gehe trotz aller gärtnerischen Leidenschaft nicht ins Freie, um die Äste der wie wild austreibenden Kätzchenweide, die einst in ihrer Jugend von Rehen verschleppt worden war und deren Äste nun der Sturm geknickt und nicht zur Gänze abgerissen hat, zu schneiden. Nicht solange es dermaßen kalt ist und obendrein schüttet. Das geht übrigens schon eine Woche lang so. Die Meteorologen entschuldigen sich bereits für den Wetterbericht und vertrösten auf kommende Tage. Das bedeutet aus Sicht der Tourismusbetriebe in der Gegend, daß Pfingsten wieder einmal den Bach hinuntergeht.

Auch das jährliche Narzissenfest hatte den Charakter einer Tragödie, wenn auch gottlob ohne Tote. 30 000 Besucher rahmten mit 30 000 Schirmen das Seeufer. Immerhin hatten sich für den Bootskorso 28 Teilnehmer angesagt. Und da im Ausseerland noch nie ein Bootskorso mit den aus Narzissen gesteckten Figuren abgesagt worden ist, schaukelten 28 Boote im Graupelschauer. Tapfere Gebirgler, kann man da nur sagen.

Vor zwei Jahren hatten sich übrigens echte Schneeflocken unter die Dichternarzissen gemischt. Letztes Jahr allerdings trug die Postbeamtin vom Zuschauen einen Sonnenbrand auf ihrem Dekolleté davon, wie sie mir mit nostalgischem Unterton erzählte. Wohingegen ich mich im Postamt unterstellte, um nicht völlig durchnäßt zu werden, während ich auf den Bus wartete. Also müßte es im kommenden Jahr wieder einen Sonnenbrand-Bootskorso geben. Bitte vormerken!

# Kamingeschichten

Die jungen Rotschwänzchen lernen fliegen. Neulich klatschte eines gegen das Eßzimmerfenster, konnte sich jedoch am Kitt des Fensterkreuzes festkrallen und schaute mir ein Weilchen perplex in die Augen, bis es sich von dem Zusammenstoß wieder einigermaßen erholt hatte und davonflog.

Da es immer noch bei niedrigsten Temperaturen regnet – angeblich soll es noch eine ganze Woche so weitergehen –, tollen die jungen Rotschwänzchen am liebsten auf dem gedeckten Teil der Terrasse herum, was sich in vermehrten weiß-schwarzen Flecken auf Tisch und Stühlen bemerkbar macht und natürlich an ihrem überbordenden Gezwitscher und Geschwirre.

Neben den Amseln wagen sich die Rotschwänzchen am ehesten in die Nähe von Menschen. In seinem Übermut landete einmal eines auf meinem Kopf, während ich in einem Liegestuhl in der Sonne lag. Zu Zeiten, als es noch Sonne gab. Gebannt von der eigenen Kühnheit, blieb es eine Weile reg- und tonlos auf mir sitzen und stieß sich dann ab (ich habe dieses Sich-Abstoßen von meinem Kopf deutlich gespürt), wahrscheinlich um meinem Handlungsspielraum rascher zu entkommen. Vom Spitzahorn aus, der den heurigen Winter nicht überlebt hat, beobachtete es mich noch eine Zeitlang, so als könne es selbst nicht fassen, was es sich da versehentlich geleistet hatte.

*Wie die Orgelpfeifen*

Vor Jahren hörte ich, als ich in den Keller hinunterstieg, steinerweichendes Vogelgeschrei, ohne es orten zu können. Erst nach zwei Tagen begriff ich, woher es kam, nämlich aus dem Kamin, dessen Türe sich im Keller befindet. Aber als ich nachschauen wollte, hörte ich schon nichts mehr. Wahrscheinlich war der junge Vogel verhungert. Es konnte nur ein junger Vogel sein, die älteren waren viel zu erfahren, um sich in den Rauchfang zu stürzen. Ich erinnerte mich, irgendwo gelesen zu haben, wieviel Futter ein Jungvogel täglich zu sich nehmen muß, um am Leben zu bleiben.

Kaum machte ich mich am Kamintürchen zu schaffen, hörte ich den Vogel wieder um sein Leben tschilpen. Als ich die Tür geöffnet hatte, war da nichts als finsterste Schwärze. Ich begann nach dem Vogel zu tasten, und als ich ihn greifen konnte, ließ er sich beinah ohne Widerstand herausholen. Ich dachte, das junge Rotschwänzchen sei zu schwach, um auch nur mit den Flügeln schlagen zu können, aber sobald ich mit ihm ins Freie gegangen war und die Finger geöffnet hatte, flog es pfeilschnell und pfeilgerade davon. Irgend etwas mußte es im Kamin zu fressen gefunden haben, vielleicht fetten Ruß oder irgendwelche Schornsteininsekten?

*Und was nun?*

# Überflußwirtschaft

Noch habe ich keine Gartenvögel beim Fischen ertappt, auch nicht die Katzen, die sich zur Kaulquappenzeit auf den Ufersteinen niederlassen, um höchst interessiert ins Wasser zu glotzen, als säßen sie vor einem Fernseher mit eigenem Katzenprogramm. Obwohl ich mir sicher bin, daß sie gelegentlich ins Wasser pratzen, wenn auch mit mäßigem Erfolg. Enten gibt es keine im Teich und auch keine Fische. Wo also sind die Kaulquappen hin? Vor zehn Tagen war der Teich noch voller schwarzer schwänzelnder Schwaden, jetzt ist keine Quappe mehr auszumachen.

Sie seien abgewandert, erklärte mir jemand, der auch einen Teich in seinem Garten hat. Wie denn? Mit Kiemen und Schwänzen, ohne Beine? Ich habe in meinem Amphibienbuch nachgeschaut, da steht, daß die Kaulquappen zwei bis drei Monate für ihre Metamorphose brauchen, nämlich von der Quappe bis zur Kröte. Wer also ist der Täter?

Je länger ich in den Teich schaue, desto mehr gefräßige Libellenlarven entdecke ich, auf dem Grund spazierend oder an der Oberfläche tretend. Ihnen ist alles zuzutrauen. Oft entpuppen sich die gefräßigsten Jäger als die hübschesten Wesen, wie zum Beispiel besagte Lilienhähnchen. Und wer würde Libellen nicht schön finden, diese blutroten, türkisblauen und smaragdgrünen Hubschrauber aus Chitin, deren Puppenhäute später im Jahr wie luftige Skelette an den Sumpfirisschwertern kleben?

Aber daß die Libellenlarven innerhalb von Tagen den ganzen Kaulquappenbestand gefressen hätten, will ich ihnen doch nicht anhängen. Von Zeit zu Zeit verläßt der alte Bergmolch sein Unterwasserversteck, taucht kurz auf, zeigt beim Nach-oben-Schwimmen seinen orangefarbenen Bauch und ist schon wieder verschwunden. Er hat sich wohl ein gewisses Quantum an Quappen einverleibt und kommt als Einzeltäter in Frage. Oder haben sich die nicht gefressenen Quappen so gut versteckt, daß ich sie einfach nicht sehe?

Auch im letzten Jahr waren über kurz alle Kaulquappen verschwunden. Dennoch mußten genügend überlebt haben, sonst würden die Kröten nicht jedes Jahr wiederkommen, um in ihrem Geburtsgewässer zu laichen. Es sind jedes Mal an die zwanzig Exemplare.

Oder ist die Natur der Täter? Und es ist durchaus eingeplant, daß von den Hunderten von Kaulquappen, die anderen zur Nahrung dienen, nur die paar überleben, für die der Teich groß genug ist? Ein ernüchternder Gedanke, nämlich daß es sich dabei um Überflußwirtschaft *à la nature* handeln könnte.

*Die Schönheit der Räuber I*

# Who-dun-it?

Die Marder sind wieder da. Zum ersten Mal in diesem Jahr erwache ich mitten in der Nacht von ihrem Gerenne und Gepolter auf dem Dachboden. Doch bin ich zu müde, um meinen Hausschuh gegen die Decke zu schleudern. Ohnehin hilft das nur gegen Siebenschläfer. Die Marder scheren sich nicht weiter darum, und nach ein paar Minuten Lauschpause geht die *wilde Jagd* unvermindert weiter.

Die Marder kommen und gehen, wie es ihnen beliebt, vor allem seit die drei Kater der Heldengeneration – Max, Bussi und Flocki – das Zeitliche gesegnet haben. Vor denen hatten die Marder Respekt, auch wenn es bei den vielen nächtlichen Scharmützeln, die sie einander über die Jahre hin geliefert haben, keine wirklichen Gewinner oder Verlierer gab. Aber damals machten sich die Marder nicht ganz so frech auf unserem Dachboden breit. Nicht daß ich tatsächlich etwas gegen sie hätte, ich mag es nur nicht, daß sie mich nachts wecken und ich später über die ausklappbare Eisenleiter in den Dachboden hinaufsteigen muß, um ihre *Losung*, oder wie immer man den Marderdreck waidmännisch sachgerecht nennt, zu entsorgen.

Noch etwas schreibe ich auf ihr Schuldenkonto, obgleich ich dabei nur auf Indizien angewiesen bin, ohne echte Beweiskraft. Eine meiner schönsten Dahlien, wenn ich mich recht erinnere, war es ›Autumn Fairy‹ von Hoch in Berlin, lag eines regnerischen Sommermorgens neben ihrem Loch, mitsamt Stützstab und Blütenknospen. Ich war außer mir. Das Loch klaffte knollenlos, ohne daß es tief gegraben worden wäre. Die Nachbarin bestritt aufs heftigste, daß ihr Hund es gescharrt haben könnte. Und da ihr Hund groß ist, leuchtete mir das Argument ein, nämlich daß der, wenn er das Loch tatsächlich auf dem Gewissen hätte, an den benachbarten Pflanzen wesentlich mehr Schaden angerichtet hätte.

Der zufällig vorbeikommende befreundete Förster entkräftete meinen nächsten Verdacht, daß ein Dachs sich an der Dahlie vergriffen haben könnte. Der, meinte der Förster, würde wesentlich tiefer gegraben und seine Losung in das Loch gesetzt haben.

Ich grub also die Dahlie wieder ein, schnitt ihr die geknickten Blüten und Blätter ab, stützte sie fürsorglich und redete ihr, unterstützt von ein paar eingearbeiteten Hornspänen, gut zu. Alles schien soweit in Ordnung gekommen. Zwei Morgen später lag die Dahlie erneut neben ihrem Loch, wenn auch etwas weiter entfernt und so zermanscht, daß ich sie traurig im Kompost begrub. Who-dun-it?

*Die Schönheit der Räuber II*

Die Nacht darauf wurde ich von Gekuder und Gekreisch dermaßen nachhaltig geweckt, daß ich aufstand und ans Fenster ging, von wo ich auf die Einfahrt hinunterschauen kann. Der Bewegungsmelder hatte das Licht eingeschaltet, und ich sah gerade noch, wie eine Bande halbstarker Marder die Klinkersteine entlangsauste, bester Laune, einander rempelnd und kneifend, gerade daß sie nicht lauthals lachten. Einer von ihnen schaute zu mir herauf, mit entblößten Zähnen, gekrümmt vor Vergnügen.

In ein paar Minuten war das Spektakel vorüber, die Marder verschwanden hinter dem Nachbarhaus. Seither bin ich überzeugt, daß meine wunderschöne Herbstelfen-Dahlie dem Spaßverhalten einer *gang* von jungen Mardern zum Opfer gefallen ist.

Im übrigen untersucht mein Mann jedes Mal, wenn er an seinem Auto verdaute Kirschkerne oder Rutschspuren sichtet, seine Bremsschläuche, da Marder im Geruch stehen, sich solche als Delikatesse einzuverleiben. Angeblich hilft Haarspray, um sie für eine Weile von den Innereien des Autos fernzuhalten. Seit dieses Wissen allgemein zugänglich gemacht wurde, muß ich nach dem Haarewaschen immer in die Garage hinunter, um meiner Frisur den entsprechenden Halt zu verleihen.

*Rosenkäfer*

# Diva, Diva

Die Diva ist in Erscheinung getreten und steht ab nun im Mittelpunkt nicht nur der Aufmerksamkeit ihrer Claqueure, sondern auch des Gartens. Als hätten sich seine Proportionen so lange verschoben, bis Madame sich tatsächlich im Zentrum befand.

Es geht um eine Strauchpfingstrose, im Herzen tiefrosa, zu den Rändern hin verblassend, mit Blüten in der Größe eines Kinderkopfes. Eine der Knospen hat sich schon zur Sonne hin geöffnet, zwei weitere überlegen noch, eine vierte ist samt dem Ast, an dem sie hing, vom Schneedruck geschwächt und von einer Sturmböe geknickt, als Ganzes weggebrochen.

Während ich der Diva die allmorgendliche Portion Bewunderung darbringe, kommt einer jener smaragden schimmernden Rosenkäfer angeflogen und kitzelt sie an den Staubgefäßen. Ich eile nach dem Fotoapparat, wie immer in solchen Situationen: vergebens. Der so tapsig wirkende, auch Goldkäfer genannte Sechsfüßler ist schon weitergeflogen, als ich mit der Kamera zurückkehre. Übrigens gehört dieser gutaussehende *Cetonia aurata* zu den Dung- und Mistkäfern. Man findet seine Larven häufig im Kompost-, um nicht zu sagen im Misthaufen. Das sich darauf beziehende Sprichwort lautet: »Mist treibt die schönsten Blüten!«

Warum ich so viel Aufhebens von einer einzelnen Strauchpfingstrose mache? Im Botanischen Garten München gibt es ein ganzes Spalier von Strauchpfingstrosen in den verschiedensten Farben, die, wie zu einem Klassenfoto zusammengestellt, vor der Begrenzungsmauer stehen. Im Schutz dieser Mauer gedeihen sie früh und sind Mitte Mai bereits ein wenig unansehnlich und haben ihren Höhepunkt hinter sich.

In Kobe, einer Stadt in Japan, habe ich im Jahr 1990 eine Strauchpäonienschau gesehen, mit mehreren hundert Exemplaren auf engstem Raum. Schön schon. Aber wenn so viele Diven beisammenstehen, graben sie einander das Wasser ab.

Meine hingegen steht allein, ragt aus einem Rondeau voller Lavendel empor, mit genügend Raum um sich, daß ihre Einmaligkeit von überall her zu bemerken ist. Und daß sie sich so bitten läßt, hat zuallererst mit dem Klima zu tun, unterstreicht jedoch ihre Exklusivität.

Seit fünf Jahren ist diese Strauchpäonie im Garten und hat erst zwei Mal geblüht. Zum ersten Mal vor drei Jahren, da hatte sie eine einzige Blüte, und jetzt, Mitte Juni, trägt sie drei Knospen mehr. Die Erkenntnis, die ich nebenher daraus ziehe: Trotz des überlangen Winters und der anhaltenden Kühle hat es ihr die

Knospen nicht wie sonst abgefroren. Also war es doch nicht so kalt, wie man es allgemein empfunden hatte. Oder hat sie einfach um ein paar Wochen später ausgetrieben?

Ich liebe alle Pfingstrosen, die Bauernpfingstrosen ebenso wie die alten, nicht hybridisierten Arten. *Paeonia mascula* zum Beispiel, mit ihren pinkfarbenen Schalenblüten, oder *Paeonia tenuifolia*, die fiederblättrige Pfingstrose, deren knalliges Rot um diese Zeit (sie blüht immer als eine der ersten) noch gut zu ertragen ist. Aber auch ›Raspberry Sundae‹, die in vielen verschiedenen Blütenschichten von Rosa und Creme wie bis zum Bersten gefüllt erscheint (wie *Vanilleeis mit Himbeeren*, steht in der Beschreibung), mag ich sehr. Ihr Vorzug: Sie ist hochgewachsen und dennoch ziemlich standfest.

Was Pfingstrosen allgemein auszeichnet, ist ihre relative Anspruchslosigkeit. Sie brauchen nicht viel, um mit den Jahren immer beeindruckendere Horste zu bilden und immer schöner zu blühen. Und selbst wenn ihre Blüten innerhalb kurzer Zeit wieder vergehen, ihr Laub bleibt hinsehenswert, und ihr Austrieb ist ein kunstvolles Happening. Nur Karl Blossfeldt, der Künstler, der Pflanzen so fotografierte, als wären es Skulpturen aus Stein oder Metall, ist der Schönheit dieser *Entwicklung* vom Sproß bis zum beginnenden Blatt hin wirklich gerecht geworden.

Auf eine Überraschung werde ich wohl noch zwei bis drei Jahre warten müssen, nämlich darauf, daß *Paeonia* ›Monte Baldo‹ blühen wird und wie. Eine Gartenfreundin aus Oberösterreich, die ich letztes Jahr besuchte, riß mir von einem kleinen Horst, den sie selber noch nicht blühen gesehen hatte, ein paar Triebe ab, als ich Interesse daran zeigte. Sie habe diese Pfingstrose von einem Gärtner, der zwar wunderschöne Pfingstrosen verkaufe, es jedoch nicht so mit den botanischen Namen habe, also nenne er sie nach den Orten, an denen er sie gefunden habe. Wie ich mittlerweile in Erfahrung bringen konnte, steht der Monte Baldo in der Nähe des Gardasees in Oberitalien.

Eigentlich glaubte ich nicht so recht daran, daß aus diesen abgerissenen Trieben, die ich auch noch an verschiedenen Stellen gepflanzt hatte, etwas werden könnte. Doch sind beide wiedergekommen und haben sogar an Größe zugelegt. Ihre Blätter weisen eindeutig die Form von Pfingstrosenblättern auf, unterscheiden sich jedoch erkennbar von denen meiner anderen Arten. Ihre Farbe hat sowohl einen Stich ins Rötliche als auch ins Gelbe. Geduld ist eine harte Disziplin. Ich bin neugierig, in welchem der kommenden Jahre sie belohnt werden wird.

*Strauchpfingstrose*

# Die Qual der Wahl

Ich werde öfter zu Lesungen in Gärtnereien oder bei Gartentagen wie in Schloß Schiltern oder im Stift Seitenstetten eingeladen. Das trifft sich gut, denn bei solcher Gelegenheit gibt es viel zu entdecken. Pflanzen, die man sich immer schon gewünscht und nirgendwo gefunden sowie solche, von denen man noch nicht einmal gehört hat. Letztes Wochenende war ich zum Beispiel in Freistadt an der österreichisch-tschechischen Grenze, landstrichmäßig dem Mühlviertel zugeordnet, das bedeutet, vom Wetter her gesehen, auch nicht gerade Weinbauklima.

Frau Wiklicky, die mich zu einer Lesung im Rahmen der Veranstaltung »Der innere Garten« gebeten hatte, ist eine passionierte Gärtnerin, die gerade dabei ist, aus ihrem Hobby eine Profession zu machen. Zusammen mit den Fotos, die sie mache, den Kunstpostkarten, die sie gestalte, und den Vorträgen, die sie halte, müsse es gehen, sagt sie.

Sie betreibt auf ihrem 4 000 m² großen Grundstück das, was die Engländer als *nursery* bezeichnen, nämlich eine Kinderstube für Sämlinge. (Interessant, daß in England nie das Wort *plant* davorsteht, trotzdem scheint jeder zu wissen, daß es sich dabei um eine Pflanzenanzucht handelt.) Ihre Spezialität sind Clematen, die im hinteren Teil des Grundstücks, am Rande des mittlerweile aus einer Fichtenhecke entstandenen Wäldchens, ein eigenes *Gehege* haben.

Frau Wiklicky hat das unfaßbare Glück, daß mitten durch ihr Grundstück ein kleiner Bach läuft, mit entsprechender Uferflora und anschließender sumpfiger Wiese, die sich teilweise als sumpfige Wiese austoben darf. An bestimmten Stellen aber sucht sie sie mit streng geometrischen Formen aus niedrig gehaltenen Hainbuchen einzurahmen und zu kontrastieren. Zumindest will sie es versuchen. Aber die Buchen sind noch zu klein und zu schütter, als daß ein für alle Male feststünde, ob das Ganze gestalterisch auch ein Gesicht bekommt.

Als die Bekannte, die mich liebenswürdigerweise kutschierte, und ich im Garten von Frau Wiklicky ankamen, regnete es die berüchtigten Wiener Schusterbuben, und Frau Wiklicky, die gerade eine Gruppe von Gartenliebhabern durch ihre Arbeitsstätte führte, eilte mit alten Gummistiefeln herbei, die zumindest mir viel zu groß waren, aber die Füße trocken hielten. Der Regen trommelte so heftig, daß er nicht ewig dauern konnte, also spannten wir die Schirme auf und gesellten uns zu den anderen Neugierigen. Wie vorhergesehen, schien die Sonne bald wieder, und als die Führung vorüber war, ging es in die *Kinderstube*, den Ort meines Begehrens, wo die Sämlinge zum Teil in Plastik-, zum Teil in selbst gedrehten Zeitungspapiertöpfchen warteten.

Die Liste, die Frau Wiklicky mir geschickt hatte, war lang, und ich war sie immer wieder durchgegangen, hatte vieles, zu vieles, angekreuzt und das Kreuz wieder ausradiert. Schließlich war der Kofferraum nicht sehr groß, und da wir über Nacht blieben, hatten wir auch Gepäck. Ankreuzen, ausradieren, so war es davor einige Abende lang gegangen, jetzt aber wollte ich sehen, sehen wie weit die Pflanzen, die ich kannte, bereits waren, und wie die, die ich nicht kannte, aussahen. Wie ich mich bald überzeugen konnte, waren sie allesamt winzig.

Da der Winter so lange gedauert hatte und der Mai kühl und verregnet gewesen war, hatten die meisten Pflanzen wachstumsmäßig zurückgesteckt. Ich brachte also fast alles, was von den Ankreuzungen stehengeblieben war, in meine mitgebrachten Kistchen, was mich schon rein gefühlsmäßig sehr befriedigte, obgleich sich bald die altbekannte Besorgnis einstellte, nämlich, wohin damit?

Auch wenn sie noch gar nicht so aussahen, als ob sie einmal groß und stark sein würden (zumindest die meisten von ihnen), beunruhigte mich allein ihre Zahl, und ich ließ die ganze Rückfahrt über die Geographie meines Gartens im Kopf Revue passieren, um mir auszudenken, wohin was zu pflanzen wäre. Dabei konnte davon ohnehin noch keine Rede sein, da die Winzlinge bei den Wucherbedürfnissen der etablierten Pflanzen ziemlich rasch verkommen würden.

Und so tröstete ich mich damit, daß sie zuerst in etwas größeren Töpfen auf die untere Veranda kommen würden – zur Aufpäppelung und Beobachtung –, und mit der Zeit würde mir schon einfallen, wo sie unterzubringen wären. Auch gab es gelegentlich Ausfälle. Und so schlimm ein heftiger Gewittersturm oder taubeneiergroße Hagelschloßen auch sein mochten, sie schafften Platz für Neues, das sich vielleicht an dieser bestimmten Stelle besser bewähren würde.

Gleich darauf zieh ich mich eines übertriebenen Darwinismus, vor dem ich mich immer schon hüten wollte, und räumte diese Gedanken sogleich zur Seite. Es konnte ja auch sein, daß einige der Sämlinge es einfach nicht schafften. Warum sollte ich mir also jetzt schon den Kopf zerbrechen?

Seit sie frisch getopft sind, schaue ich den neuen Pflanzen mit großem Wohlgefallen dabei zu, wie sie sich dehnen und strecken und an Gestalt gewinnen. Manche haben innerhalb von zehn Tagen ihre Größe verdoppeln können. Es wird also gar nicht so lange dauern, bis ich sie im Garten sehen werde.

Eines Morgens ringe ich mich dann zu der ebenfalls nicht neuen Erkenntnis durch, daß man die darwinistischen Anwandlungen vom *survival of the fittest* am besten dadurch verscheucht, indem man einige der alten oder auch der neuen Pflanzen einfach verschenkt. Gärtner seien, so heißt es in der einschlägigen Literatur, ohnehin für ihre Großzügigkeit bekannt.

Zuerst bemerke ich nur seinen buschigen Schwanz, der hinter einem der größeren Ufersteine hervorzuckt, dann schnellt eine Pfote ins Wasser, und ich sehe, wie der Molch gerade noch einmal davongekommen ist. Der scheue Kater Osama ist im Jagdrausch und hüpft um einen Stein weiter. Sein Spiegelbild im Wasser ist gestochen scharf. Doch da hat die Konzentration auf seine Anglertätigkeit ihn durstig werden lassen. Er bringt mit der Zunge Wellen auf, die sein Spiegelbild verzerren. Ich rufe ihn leise, aber er nimmt sich nicht einmal die Zeit zu erschrecken. Eine Libellenlarve zieht seine ganze Aufmerksamkeit auf sich. Ich frage mich, ob er sich am Ende sogar streicheln ließe, ohne den Blick von der Wasserfläche zu nehmen. Als ich die Hand nach ihm ausstrecke, kehrt sein Blick zur Umgebung zurück, er weicht aus und ist mit ein paar Sätzen hinter der Blutbuchenhecke verschwunden.

Ich warte bis zum späten Nachmittag, wenn die Hitze das Wasser zwar gewärmt, aber ihren Höhepunkt bereits überschritten hat, um in den Teich zu steigen. Es läßt sich nicht mehr aufschieben. Der Unterwassergarten muß gerodet werden, das heißt, entdüngt. Das Buchenlaub, das beim ersten Sturm im Mai innerhalb von ein paar Tagen ab- und zum Teil ins Wasser gefallen ist, die welken Seerosenblätter, die abgestorbenen Schlingpflanzenreste gehören alle heraus, sonst wird das Wasser wegen des Nährstoffüberangebots zu sauer.

*Seerose ›Fabiola‹*

Ich ziehe die alten Badeschuhe an und schaufle den Schlick und die Blätter mit beiden Händen aus dem Wasser. Dazu bräuchte ich Gummihandschuhe, die bis zu den Ellbogen reichen – gibt es aber nicht, also läuft das Wasser sofort in die Handschuhe.

Die Schlingpflanzen, die die Aufgabe haben, das Wasser zu klären, müssen selbst geklärt, will sagen, am Wuchern gehindert werden, da sich sonst ihre Abfälle im Wasser auflösen.

Sobald das Wasser entsprechend aufgewühlt ist, kann man die hochkommenden Blätter mit dem Netz abfischen. Und wieder lasse ich mich von den Libellenlarven täuschen, die reglos im trüben Wasser treiben. Sie stellen sich nur tot, doch sobald ich das Netz umstülpe und sie in den Eimer fallen, wuseln sie aufgeregt über den pflanzlichen Abfall, und ich muß sie zwischen den glitschigen Blättern hervorklauben, um sie ins Wasser zurückzuwerfen.

Bald ist das Wasser so grau, daß ich die auszurupfenden Pflanzen nur mehr ertasten kann. Dabei habe ich Sorge, mich unabsichtlich am Molch zu vergreifen, was aber eher unwahrscheinlich ist. Er nimmt mich viel besser wahr als ich ihn und kann leicht das Weite suchen. Da der Teich ziemlich klein ist, lasse ich es mit einem prall gefüllten Eimer genug sein. Sein Inhalt kommt auf den Kompost, um den Grasschnitt aufzufetten.

Als ich nach ein paar Stunden nachschauen gehe, ob der Teich sich schon von meinem Eingriff erholt hat, ist auch Osama wieder da. Diesmal zuckt seine Schwanzspitze eher ungehalten, und er schaut mich geradezu vorwurfsvoll an, so als hätte ich seinen Fernseher falsch eingestellt. Er fischt ein paar Mal lustlos im Trüben und versucht mit einem Pfotenwischer den Grauschleier von der Wasseroberfläche zu ziehen, und als es nicht gelingt, trollt er sich mißmutig.

Ich will mit der Hand einen Klumpen schwarzen Schlamms von einem der Umfassungssteine wischen, doch als mich nur noch ein paar Zentimeter davon trennen, läßt er sich hurtig ins Wasser fallen. Es ist der Molch gewesen. Gottlob hat Osama ihn nicht bemerkt. Ihn oder einen der anderen Molche. Ich möchte gerne glauben, daß es zumindest zwei oder drei sind, wenn schon die Kaulquappen alle gefressen wurden.

Demnächst werden auch die Libellen schlüpfen. Sie beißen sich dazu an den gelb-grün gestreiften Blättern von *Iris pseudacorus variegata* fest, der gelbblühenden, panaschierten Sumpfschwertlilie, wo sich dann ihre Puppen noch lange im Wind bewegen, geradezu gespenstisch in ihrer Verlassenheit.

# Plagegeister

Feinde sind meist verläßlicher als Freunde. So haben sich die Junikäfer über Jahre hin pünktlich am 1. Juni eingestellt, waren dann einen Monat lang schwarmweise um die Wege und verschwanden Anfang Juli. Noch als Larven hatten sie die Wurzeln der Grassoden abgebissen, und als ausgewachsene, braunflügelige, kleine Maikäfer schändeten sie vor allem meine Rosen. Während die schwarz gepunkteten roten Marienkäfer, die sich von Blattläusen ernähren, oft lange auf sich warten lassen. Vor allem bevölkern sie den Garten in viel geringerer Zahl, so daß ich oft wochenlang ihren Job bei den Blattläusen übernehmen und diese händisch von den Rosenhälsen streifen und zerquetschen muß.

Wohingegen die Junikäfer offenbar nichts dabei finden, sich in großer Paarzahl zwischen den Blättern der hübschesten und am angenehmsten duftenden Rosen wie in einem Massenbett zu suhlen und angelegentlich für ihre Fortpflanzung zu sorgen. Nicht etwa, daß ich gegen ihre öffentlichen Liebesspiele moralische Bedenken hegte, mich bekümmert nur, daß sie dabei enormen Appetit entwickeln und in die schönsten Rosen die häßlichsten Löcher beißen.

Leider hilft nichts gegen diese Banausen, weder etwas in Sprayform, noch als Zusatz zum Gießwasser, auch sind keinerlei Hausmittel bekannt. Die einzige Möglichkeit, sie ein wenig zu dezimieren, ohne brachiale Gewalt anzuwenden (nämlich sie abzusammeln und zu zerdrücken), ist die, sie in ein Lavoir voller Petroleum zu schütteln. Was man damit aus dem Verkehr zieht, ist nicht einmal die Spitze des berüchtigten Eisbergs, und es stillt höchstens vorübergehend die Wut auf diese unfeinen Freßsäcke, die keinerlei Achtung vor einer ›Königin von Dänemark‹ oder einer ›St. Swithun‹ hegen.

Dieses Jahr ist alles anders. Wir schreiben das letzte Junidrittel, und ich habe gerade einmal einen dieser Freßfeinde gesehen. Schon im letzten Jahr waren sie unpünktlich gewesen, holten aber gegen Mitte Juni stark auf, ohne jedoch die Dichte ihrer früheren Bestände zu erreichen. Eine Frage von *Aufstieg und Fall*? Oder von Krankheiten, die sich leichter verbreiten, wenn die Population zu groß wird? Wie hatte unser Förster seinerzeit am Höhepunkt der Schneckenplage weise gemeint? Nämlich, er warte auf *den Virus*.

Oder ist das Erscheinen des Junikäfers mit der Rosenblüte gekoppelt? Eher unwahrscheinlich. Schließlich frißt er auch andere Blüten. Kommt es mir nur so vor, als sei er auf Rosen spezialisiert, weil er sich von den frischen, zarten, relativ großen Blüten am unappetitlichsten abhebt? Andererseits blüht außer einer wilden *alpina* und einer halbzahmen *rugosa* tatsächlich noch keine von meinen wohlbehüteten Schönen. Das Junikäferrätsel wird nur die Zeit lösen können. Entweder mutiert der furchtbare Plagegeist gerade zum Julikäfer, oder er zieht sich aus unserer Gegend zurück wie sein Vetter, der Maikäfer. Euphemistisch gesagt.

Wie auch immer, bitte, liebe Evolution, mach, daß der Junikäfer an seiner eigenen Maßlosigkeit zugrunde geht.

Wie sich später herausstellt, hat die Evolution wohl ein Einsehen gehabt. In diesem Jahr gibt es so gut wie keine Junikäfer.

*Willkommener*
*Besuch*

# Stein um Stein

Aus dem Nachbargarten dringt der satte Klang von Wackersteinen, die aneinanderschlagen. Ich empfinde diesen Klang als etwas Beruhigendes, das mich keineswegs am Einnicken auf der Gartenbank hindert.

Steine sind ein Wahrzeichen dieser Gegend. Die ganz großen stehen als Berge um den See herum, etwas kleinere kollerten einst bis ins Tal herunter. Das nannte man vorzeitlichen Steinschlag, und das Ergebnis, felsartige, größere Brocken, brauchte allerdings ein paar Jahrhunderte, bis es – entsprechend eingewachsen – zur Landschaft gehörte. In der *Seewiese* zum Beispiel, wo Kinder darauf herumklettern und Erwachsene in der Sonne liegen.

Die noch kleineren Steine wurden für die Sockel von Häusern verwendet, als Grab- und Gedenksteine und in den Gärten, um die Beete zu begrenzen. Sie sind leicht zu beschaffen, weil sie überall herumliegen, in den Wäldern, an den Flußufern und Seen, und wer nur ein bißchen in seinem Garten gräbt, wird rasch merken, daß sie auch im Boden reichlich vorhanden sind.

An manchen Stellen kann man Versteinerungen finden, Ammoniten und Muschelkalke. Zum Hausbau aber wurde meist der rosafarbene Fludergrabenmarmor verwendet.

Steine sind also einheimisches und somit vertrautes Material, das man für alles mögliche brauchen kann, über das man aber normalerweise kein weiteres Wort verliert, es sei denn, es handle sich um spektakuläre Einschlüsse, um Halbedelsteine oder Kristalle.

Es gibt jedoch Menschen, die eine archaische Beziehung zu Steinen haben und nicht genug davon bekommen können. Die eine Nachbarin ist so ein Mensch. Sie hat Wagenladungen von Steinen aus den umliegenden Steinbrüchen nach Hause transportiert, damit Wände aufgezogen, Terrassen, Einfahrten, Carports mit ihnen ausgelegt oder auslegen lassen. Selbst Treppen und Trockenmauern leuchten rosa und werden wie im Alten Ägypten für die Ewigkeit errichtet. Die größten Fundstücke erhalten Namen, wie die ›Nonne‹ oder ›das Pfeffersäckchen‹, und um ihrer steinernen Leidenschaft auch im kleinen zu frönen, sammelt sie Kieselsteine in Herzform.

Ich habe mich von ihrer Steinliebe anstecken lassen, habe meine Beete mit Steinen eingefaßt, weil es zur Gegend paßt und die Steine auch als Heizung dienen, tagsüber Sonnenwärme speichern und sie nachts wieder abgeben.

*Das neue Gärtchen mit dem Loser im Hintergrund*

Wir sind oft und oft gemeinsam auf den *Moosberg* gefahren, haben das Auto vollgeladen, nachdem wir zuvor wie die Dombaumeister nach den gewünschten

79

Formen Ausschau gehalten hatten, sei es, daß wir welche für Einfassungen brauchten oder flachere, die als Trittsteine geeignet waren, und haben sie dann nach entsprechender Begutachtung und mit viel Kraftaufwand dorthin geschafft, wo sie eingepaßt werden sollten. In all den Jahren sind wir natürlich nicht jünger geworden, und ich habe das sichere Gefühl, daß in meinem Garten genügend Steine liegen. Bis ich dann wieder welche für die Einfassung eines neuen Beetes brauche oder auf ein bedeutsames Exemplar treffe, dessen Gestalt mich an etwas erinnert, einen Pinguin oder den Körper eines Menschen.

Meist fahre ich nicht mehr mit, wenn die Nachbarin auf Beutezüge in die Steinbrüche ausrückt, bewundere höchstens, was sie neuerdings angeschleppt hat, beziehungsweise wundere mich, daß sie immer noch Platz dafür und Ideen für eine neue Gestaltung findet. Mir schien, als hätte ich das Thema Steine endgültig aus meinen Gartenagenden gestrichen, bis … bis oberhalb des Gartens ein neues Haus gebaut wurde.

Zuerst versuchte ich dem dabei entstehenden Lärm auszuweichen, indem ich dem ganzen Baugeschehen den Rücken kehrte und mich möglichst weit davon entfernt aufhielt. Als aber dann die großen Erdarbeiten anfielen – das entstehende Haus sollte mit Erdwärme geheizt werden –, fanden die Nachbarin und ich uns plötzlich, vom selben Interesse getrieben, an der Grenze unserer Grundstücke ein und suchten die aufgebrachten Erdmassen nach – na nach

80

was schon –, nach Steinen aller Art ab. Unsere Blicke tasteten sich am Material entlang, und beide überschlugen wir in Gedanken, welcher Stein wohin passen könnte.

Ich erinnerte mich an all die Steine, die mir beim eigenen Hausbau oder später beim Garteln untergekommen und nun oberirdisch zu etwas gut waren. Mein teuerster Stein, wie ich ihn nenne, hat Iglu-Form und wurde von zwei Arbeitern in vier Arbeitsstunden an einer Stelle des Gartens ans Licht geholt, an der ich einen Jasminstrauch setzen wollte. Viele kleinere Steine habe ich eigenhändig ausgebuddelt, wann immer sie einer Pflanzung im Weg waren. Nun lagen da Steine, die bereits aus der Erde geholt worden waren, unmittelbar vor uns und weckten Bedürfnisse, von denen zumindest ich mich längst schon verabschiedet zu haben glaubte.

»Gehst du fragen oder soll ich?« Es war eine rhetorische Frage, die die Nachbarin bereits für sich entschieden hatte, allzeit steinbedürftig, wie sie nun einmal ist. Ich werde mich mit ein paar extravaganten kleinen weißen begnügen, denn die rosafarbenen sind das Privileg der Nachbarin. Und eilig ist es mir auch nicht damit.

Das Geräusch mag ich noch immer sehr, diesen vollen, satten Klang, wenn die Steine jenseits des Gartenzauns aneinanderschlagen und ich mir vorstelle, wie sie eingepaßt werden, in eine Mauer, einen Weg, eine Beeteinfassung … regelrechte Einnickmusik.

*Das neue Gärtchen*

M it Sommerbeginn ist es tatsächlich schwitzheiß geworden, Hochsaison für alle Garteninfizierten, aber auch für künstlerische Veranstaltungen, Symposien, Lesungen und Literatur-Wettbewerbe.

Ich verreise höchst ungern an Tagen, die zum Schwimmen in den umliegenden Seen taugen, und stehe am Tag der Abreise viel zu früh auf, um den Garten nur ja so pflegeleicht wie möglich einer Nachbarin anzuvertrauen, die ihn während meiner Abwesenheit gießen wird.

Es ist die Zeit der Türkenmohnblüte, und ich frage mich jedes Jahr, ob es mir im letzten Sommer gelungen ist, all die scharlachroten Pflanzen auszureißen und die altrosafarbenen, die eine Konsistenz wie Seidenpapier haben, entsprechend zu protegieren. Alle haben sie dicke, pelzige Schalenknospen, bis auf ›Patty's Plum‹, die ich ins magere Sandbeet des neuen Gärtchens versetzte, wo es ihr nicht so gut gefällt, wie ich gehofft hatte. Noch ist nicht ganz klar, ob sie sich bloß umgewöhnen muß oder ob ihr der Boden doch zu mager ist. Bis ich wiederkomme, tröste ich mich beim Abschied, wird sich die Türkenmohnfrage, zumindest farblich, wohl geklärt haben.

Unterwegs mit dem Zug, schaue ich stundenlang aus dem Fenster, um die Bahndammflora und die Schrebergärten zu studieren, die oft entlang von Eisenbahnlinien liegen.

*Türkenmohn*

An den Pflanzen wird das Klima des jeweiligen Landstrichs deutlich: ob die Rosen schon blühen, die Lilien ihre Turbane entfalten, die Gräser noch wachsen oder bereits ihre Ähren, Kölbchen, Träubchen, Wedel oder Büschel tragen und die Samenstände der Lupinen bereits abgeschnitten werden müssen.

Im Weinviertel, durch das ich gerade fahre, sind die Kornblumen und der Klatschmohn aufgegangen, und die Dolden der Wilden Möhre, *Daucus carota*, bilden das Deckweiß, das dem Mohnrot diesen wunderbar seidigen Schimmer überzieht.

Wieder in der Steiermark, entdecke ich dann und wann blitzblaue Ochsenzungen im üppigen Grün, das Violett von Salbeikerzen, Luzernen und bunte Kronwicken. Leider fährt der Zug zu schnell, um ein zweites Mal hinschauen zu können, aber der blühende Holunder über mehrere Kilometer Waldrand hin bleibt auch so in Erinnerung.

In einem der Gärten liegt ein Pony dick und faul in der Wiese, zwei andere stehen daneben und schauen es an. Oder ist es tot? Der Gedanke hinterläßt einen bitteren Geschmack auf der Zunge. Warum sollte es tot sein? Weil alles tot sein kann?

Manche der kleinen bahnnahen Gärten quellen über vor Rosen und Rittersporn, in anderen wächst das Chinaschilf schon in Brusthöhe, in meiner Brusthöhe. Zugegeben, ich bin nicht sehr groß. Mehrmals sehe ich von riesigen Blüten besteckte Clematen, deren Laub man kaum wahrnimmt und die einen ganzen Rosenbogen für sich alleine haben, ohne Rose.

Als ich nach vier Tagen, in denen Hitze und Platzregen sich abgewechselt hatten, zurückkomme, ist der Garten zum Dschungel geworden. So als sei das ganze, durch die lange regnerische Kühle gestaute Wachstum mit einem Mal aus ihm hervorgebrochen. Der Frauenmantel, der die aus Brettern gezimmerten Sitzplätze einfaßt, ist dermaßen in die Höhe geschossen, daß ich Schwierigkeiten habe, darüber hinwegzusteigen, und der Phlox steht schon so hoch wie sonst erst, wenn er anfängt zu blühen. Der Glöckchenlauch läutet mit besonders großen Glöckchen, und eine weiße Akelei spreizt ihre Blüten zu einem Stern, der mindestens so groß ist wie die weißen Blütensterne des Chinesischen Hartriegels, *Cornus kousa*.

Als ich nach den Mohnen Ausschau halte, durchlebe ich eine Art Schock. Ein ziegelroter und ein altrosafarbener Horst stehen sich wie zwei Fußballmannschaften gegenüber, mit Farben, die zum Kampf entschlossen sind. Und um das Maß, beziehungsweise die Provokation, voll zu machen, ist gleich daneben ein ganzer Busch fliederfarbener Nachtviolen in Blüte gegangen.

Der Plastikrabe steht wie ein Schiedsrichter in der Mitte, und anstatt das Schlimmste zu verhindern, macht er Miene, demnächst das Match *jeder gegen jeden* anzupfeifen.

Mir aber bleibt nur noch, die unterwegs gekaufte goldfarbene Gartenkugel so in Stellung zu bringen, daß ihr Abglanz die widerstreitenden Farben in ein milderes Licht taucht.

Wenn die Hitzewelle eine Belohnung sein soll, so wird sie nicht von allen Pflanzen als solche angenommen. Manche, vor allem die im Treibhaus gezogenen, bleichen aus, wie die beiden prallen Asternstöcke, die ich, ihrer Farbe und des makellosen Aussehens wegen, am Wochenmarkt gekauft hatte – ein helleres und ein dunkleres Rosa, beide sehr intensiv –, sie haben sich farblich einander so weit angenähert, daß sie kaum mehr zu unterscheiden sind. Auch verbraunen die abgeblühten Köpfchen schneller, als die nachwachsenden ihre Stelle einnehmen können. Mit einem Wort, die trockene Hitze setzt ihnen zu, wie ihnen zuvor der kühle Regen zugesetzt hat.

Die englischen Edelgeranien in ihren Ochsenblut- und Magentafarben – innen schwarz die eine, die andere hell gerandet – stehen längst wieder auf der oberen Veranda. Sie wollen weder von Wind, Regen noch ungefiltertem Sonnenlicht behelligt werden und schätzen Glas als Blütenschutz und Blattschönhalter.

Wo die Pflanzen in den alten Beeten dicht an dicht stehen, halten sie den hohen Temperaturen besser stand – seit Tagen hat es um die 30° Celsius –, die Blattmasse hält die Feuchtigkeit länger. Und obwohl Weiß meist mit Schattengärten assoziiert wird, bewährt es sich an Hundstagen wesentlich besser als die Pastellfarben.

Ein weißer Türkenbund hat sich so weit unter der eben aufblühenden ›Queen of Denmark‹ hervorgereckt, daß er in der vollen Sonne steht, und er scheint es zu genießen. Einem gut verzweigten Stock weißer Löwenmäulchen, aus einem Baumarkt mit Pflanzenabteilung zugezogen, macht nicht einmal seine Treibhausvergangenheit zu schaffen, und eine weiße Lupine steht noch immer, wie frisch gewaschen, mit aufrechten Kerzen da, während ihre roten und blauen Kolleginnen bereits Schoten ausbilden und ihre Wipfel mit den letzten Blütchen krümmen.

Nur die weißen Prärielilien, *Camassia leichtlinii* ›Alba‹, ziehen sich unwiderruflich zurück. Aber das hätten sie bei jedem Wetter getan, denn ihre überirdische Zeit ist für dieses Jahr abgelaufen.

Die weiße Akelei, *Aquilegia fragrans*, von der schon die Rede war, eine langspornige, duftende, mit angedeuteter gelblicher Mitte, hält sich noch immer, und die weiße *Rosa rugosa* ›Blanc double du Coubert‹ sieht aus wie in frisches weißes Leinen gekleidet.

Einige der Funkien legen ihre weißen Streifen auf, wie überhaupt jegliches panaschierte Blattwerk zu strahlen beginnt. Selbst der weißgrüne Giersch, von dem man mir versprochen hat, daß er nicht wie sein ordinärer Vetter, der Erd-holler, alles überwuchern würde, zeigt eine beängstigende Tendenz zum aus-greifenden Bodendecker. Am erstaunlichsten aber verhält sich *Luzula nivea*, auch Hainsimse oder Schneemarbel genannt und als maximal Halbschattenpflanze ausgewiesen. Sie steht nun, nachdem sie im Halbschattenbeet beinah verkommen wäre, in voller Sonne, blüht weiß und so, wie sie blühen soll, aufrecht, ohne Stütze, in einem wohlgeformten Horst, ohne daß die Hitze ihr auch nur das geringste anzuhaben scheint. Jetzt wird mir langsam klar, warum man in den Tropen so gerne Weiß trägt.

*Mohnkapseln*

# Nächtlicher Besuch

In den Alpen ist es keine Selbstverständlichkeit, abends bis um Mitternacht im Freien sitzen zu können, es ist eher eine Gelegenheit, die man unbedingt nützen möchte. Und so sitze ich schreibend auf der Terrasse, wenn auch im gedeckten Bereich, unter einer schmiedeeisernen Hängelampe, die mir eine letztes Jahr verstorbene alte Dame seinerzeit zur Hauseinweihung geschenkt hatte.

Nachts im Freien zu schreiben ist einerseits angenehm, andererseits beschert es einem ungewollte Zusammenstöße mit verrückten Schwärmern, die eine Zeitlang immer wieder ins Licht flattern, bis sie sich dann doch eines Besseren besinnen und ihrer Wege fliegen. Bislang bin ich gottlob von Selbstmördern verschont geblieben, die halbgar auf mich herabgestürzt wären. Vielleicht ist aber auch die Lampe schwärmerfreundlich konstruiert und läßt den Kamikazeflug der *Eulen und Bären* gar nicht erst zu. Dagegen verschmort die Lampe im Wohnzimmer ganz gerne Insekten, die zu nahe an die Leuchtröhre wollen. Allerdings ist der Geruch nach verbranntem Chitin nicht gerade mit dem von langsam veraschenden Räucherstäbchen zu vergleichen. Ich rubriziere ihn trotz der traurigen Umstände seines Zustandekommens schlicht und einfach unter *heftiger Gestank*.

Ein Geräusch läßt mich den Kopf heben. Ist es Milli, die Kröte, die mich zu später Stunde besuchen kommt? Während ich mich noch frage, ob ihr mittlerweile gar so etwas wie Krallen gewachsen wären, da die kurzen Trippelschritte im toten Winkel sich eindeutig nach Krallen anhören, sehe ich einen Igel zügig über die Terrassensteine hurteln. Jetzt, wo wir uns gegenseitig im Sehfeld haben, würdigt er mich eines kurzen, aber ausdrucksstarken Blicks und ist gleich wieder aus dem Lichtkreis verschwunden. Er muß es ziemlich eilig haben.

*Vorhergehende Seiten: Rittersporn, Jakobsleiter, Lilien und Bartnelken*

# Büschelweise

Spätestens Anfang Juli muß der Hang zum ersten Mal gemäht werden. Heuer gab es kaum Margeriten, da der Boden des langen Winters wegen nicht mehr rechtzeitig mit dem Rechen aufgerissen werden konnte. Margeritensamen brauchen den von Rechenzinken aufgeschlitzten Boden, um aufzugehen. Dafür ist die Hangwiese voller Gräser, aber auch Bocksbart und Habichtskraut. Insgesamt wirkt sie bereits ausgewachsen und ausgewaschen. Der viele Regen hat sie wahrhaft ins Kraut schießen und die Kühle hat sie nicht wirklich kraftvoll werden lassen.

Dennoch Gräser über Gräser, deren Ähren, Trauben, Kolben und Rispen selbst im kleinsten Lufthauch nicken. Und sie sind alle von selbst gekommen, haben ihre Chance genutzt, innerhalb von ein paar Monaten an Höhe zu gewinnen, Horste zu bilden und Samen reifen zu lassen. Ohne die geringste Pflege, gegen tausendfältige Konkurrenz von Ampfern, Löwenzähnen, Hahnenfüßen, Storchschnäbeln.

Ganz anders die Gräser im Gartenbereich. Sogenannte Ziergräser, Seggen, Schmielen, Schwingel, Simsen, Binsen, Hirsen, Schilfe, Gersten, Feder-, Reit- und Zittergräser. Da in unserer Gegend der Herbst meist die prächtigste und verläßlichste Jahreszeit ist, möchte ich in ihm auch verläßliche Pflanzen sehen, die ihre Form bis zum Schnee nicht verlieren, möglichst mit einer aparten

*Löwenzahnsamen*

Herbstfärbung aufwarten und dem Garten Struktur verleihen. Mit einem Wort, Gräser und dazu noch Astern, Chrysanthemen und Dahlien. Grob gesprochen. Denn auch andere Pflanzen schaffen es blühend in den Herbst. Abgesehen von den Zeitlosen. Eine Reihe von Rosen zum Beispiel, Eisenhüte und Krötenlilien. Und selbst die Akanthuskerzen bleiben lange ansehnlich.

Was habe ich nicht schon alles über die Bescheidenheit und Pflegeleichtigkeit von Gräsern gelesen. So als brauchte man sich nur ein paar Horste aus der Wiese abzustechen, und schon hätte man den apartesten Gräsergarten. Gräser, heißt es in einem entsprechenden Buch, würden schon in ihrer ersten Saison *enorm* zulegen – bitte, was ist enorm in diesem Zusammenhang? –, auch wenn sie beim Kauf in ihren Töpfchen ziemlich schmächtig wirkten. Gleichzeitig geben die Autoren zu, daß es schon drei bis vier Jahre dauern könne, bis ein Horst seinen ihm entsprechenden Umfang erreicht. Wie wahr! Und einige schaffen es nicht einmal in dieser Zeit.

Gelegentlich habe ich den Verdacht, daß die Gräser, die in der Natur immer gleich zu Millionen vorkommen, den Prozeß ihrer Individuation nicht erfolgreich abgeschlossen haben. Ich will nicht sagen, daß es lauter Reinfaller wären, aber die Wiese vor Augen, enttäuscht mich ihr umständliches Sich-Fügen in die Umstände des Gartens. So eilig sie es haben, in Tierkörpern verwertet zu werden, so sehr lassen sie sich Zeit, im Garten Figur zu machen.

Natürlich gibt es Unterschiede. Das Chinaschilf ›Silberfeder‹ hat bereits im zweiten Jahr mit einer erkennbaren Horstbildung begonnen, wohingegen das japanische Schilf namens ›Yaku Jima‹ noch immer mit dem Zurechtfinden im Beet beschäftigt ist – allerdings steht *langsam wachsend* in seiner Beschreibung –, und das Zittergras *Briza maxima* hat sogar einen Spalt im Iglu-Stein besetzt und wächst darin, wenn auch ein wenig kleiner, unverdrossen weiter.

Die Morgensternsegge, *Carex grayi*, am Rand des Teiches, das Perlgras, verschiedene Reitgräser, Waldschmielen und Schwingel gedeihen nach Jahren ganz gut, aber das, was ich mir von ihnen erwartet hatte, erfüllen sie nur zögerlich. So als bräuchten sie in Wirklichkeit eine ganze Prärie, einen halben Wald oder zumindest eine Sommerwiese, um zu zeigen, was in ihnen steckt. Einzeln gestellt, reagieren sie anfangs mit Schüchternheit, wissen scheints mit dem Angebot eines Beetes nicht viel anzufangen. Wenn sie jedoch zusammen mit Dahlien und Astern ästhetisch punkten sollen, fällt auch für sie mehr an Nahrung ab, als sie es unter der Steppenkonkurrenz gewöhnt waren.

Am zickigsten sind die Federgräser, *Stipa* irgendwas, auf die ich mich von Anfang an kapriziert hatte, gerade wegen dem Filigranen, dem Zarten und *Mähnengerste*

Duftigen ihres Erscheinungsbildes. Irgendwann kommen sie dann schon, aber es dauert. So als seien sie Angehörige von Naturvölkern, die ein Problem mit der westlichen Zivilisation haben. Besser gesagt, mit der Verfügbarkeit von allem und jeglichem, was sie noch immer stur für eine Vergeudung von Ressourcen halten. Und gar nicht einsehen, daß das alles notwendig sein soll, wo sie doch bisher mit so viel weniger ausgekommen sind. Und, wie sie meinen, ein besseres Leben damit hatten. Während nun viel zu viele Erwartungen in sie gesetzt würden, die sie in viel zu kurzer Zeit zu erfüllen hätten, was auf ihrer Seite nur Bockigkeit provoziere. Mit einem Wort, sie gehen einem manchmal mit ihrer *Karge-Welt*-Demonstration ganz schön auf den Geist.

Was ich bei seltenen Irissen, kostbarsten Fritillarien, alten Rosen und blau-blütigen Lilien anstandslos in Kauf nehme, nämlich daß sie sich ihre Zeit nehmen, wurmt mich beim Massenartikel Gräser. Warum muß ihre vielzitierte Anspruchslosigkeit sich so verkomplizieren, daß sie bei all den besten Angeboten den Kuhhandel mit der raschen Wüchsigkeit nicht akzeptieren wollen. So als sei allein die Dürftigkeit für ihr Glück zuständig.

So. Und nachdem ich meinem jahrelangen Groll gegen die Gräser einmal Luft gemacht habe, gehe ich hinaus in den Garten und erfreue mein Herz an der zarten Mähnengerste, *Hordeum jubatum*, in deren Grannen ein paar Tropfen nächtlichen Regens hängengeblieben sind, in denen sich nun die Sonnenstrahlen bündeln. Das ganze Beet leuchtet auf, und wenn dann eine morgendliche Brise die Mähnen leicht schüttelt, gehen sie auf wie ein durchsichtiger Fächer, den die Elfenkönigin beim nächtlichen Gelage gegen die Glühwürmchen verwen-det hat.

Die Rasenschmiele, *Deschampsia cespitosa* ›Goldschleier‹, steht in ihrem dritten Jahr schlank und anmutig zwischen Lilien, Phlox und Malven im großen Sonnenbeet und wartet nur noch darauf, daß ihre ockerfarbenen traubigen Ähr-chen sich langsam vergolden. Von einem anderen Beet winkt das Perlgras, *Melica transsilvanica* ›Atropurpurea‹, mit seinen bordeauxroten, leise baumelnden Rispen herüber, und das Reitgras, *Calamagrostis acutiflora* ›Overdam‹, richtet sich mit silbrig-grün gestreiften Halmen immer höher auf, um vom Perlgras nicht verdeckt zu werden. Die Hainsimse, *Luzula nivea*, breitet ihre weißen Blütchen über die seit Tagen in tiefstem Rosa erblühende Austin-Rose ›Gertrude Jekyll‹ bis zu den Lilien hin aus. Noch hält ihr Horst und muß nicht gestützt werden wie der des Zittergrases.

Soviel zum Thema Gräser und ihre Langsamkeit.

*Bartnelke und Reitgras Calama-grostis brachytricha*

93

Viele Menschen fürchten es wie der Teufel das Weihwasser, nämlich das erste echte Unwetter des Jahres, denn das Wasser, das mit ihm vom Himmel kommt, ist nur bedingt segensreich. Sturmböen, Platzregen und Hagel lassen vor allem Gärtnern das Blut in den Adern gefrieren.

So als wären den Wolken-Madames zu allem Überfluß auch noch die Halsketten gerissen, kollern die Eisperlen herab, springen auf den Terrassensteinen noch einmal in die Höhe – so wuchtig ist ihr Aufprall – und bilden dann weiß und äußerst verdächtig kleine Häufchen in den Beeten. Die Steine haben die Hitze des Tages gespeichert und schmelzen die Kügelchen bald, auf den Wiesen aber bleiben sie noch eine Weile liegen wie ein pilzartiger Belag und gleichzeitig als Drohung des Wettergottes, daß er davon noch mehr auf Lager hätte. Es heißt also froh sein, daß die Körner nicht taubeneiergroß waren und die ganze Perlenausschütterei nach ein paar Minuten wieder vorbei war.

Als es dann vorübergehend zu regnen aufhört, schreite ich in Gummistiefeln und Jacke zur Schadenserhebung. Abgerissene Zweige und Blätter sind nicht der Rede wert. Der Obelisk mit *Clematis heracleifolia* ›Côte d'Azur‹ läßt sich wieder aufrichten, ohne daß mehr als ein paar äußere Äste abbrechen.

Aber dann ist doch ein Verlust zu beklagen. Meine schönste Pfingstrose namens ›Raspberry Sundae‹, mit ihren prall gefüllten Blüten in Himbeerrosa und Creme, ist vom Hagel arg gezaust worden. Leider sind die halbkreisförmigen

*Hosta*

94

Stützen schon alle vergeben, also bleiben nur Link-sticks. Während ich den Busch umarme, um alle Blüten ins Stützviereck zu kriegen, spüre ich ihren herrlichen Duft und die Nässe, die durch meine Jacke dringt. Als es vollbracht ist, bleibt ein einzelner Blütenstiel auf dem Boden zurück. So als bekäme ich den für die Vase, ein Geschenk, das ich gerne annehme. Für gewöhnlich lasse ich die Blüten lieber an ihren Stielen. Der Ausdruck *Schnittblumen* greift mir auf eigenartige Weise ans Herz. Doch wenn eine so herrliche Blüte schon geknickt daliegt, ist sie eindeutig fürs Haus bestimmt.

Ansonsten ist nicht allzuviel passiert, außer daß der Wilde Wein, der der Winterschäden wegen beschnitten werden mußte – und nicht gut geschnitten wurde –, noch schiefer am Haus hängt und die Kieswege des Gärtchens voller dunkler Blutpflaumen-, gefleckter Apfelbaum- und Hainbuchenblätter sind und demnächst gerecht werden müssen.

Es hat kaum abgekühlt, und ein ganzes Geschwader schwarzer und brauner Nacktschnecken – mit einigen Albinos darunter – fällt ein, macht sich in der *direttissima* auf den Weg zu den Beeten. Gottlob ist es noch hell genug, um sie über die frisch gemähte Wiese herankriechen zu sehen. Ich weiß, daß ich nur einen Bruchteil von ihnen erwische und außer Gefecht setzen kann, aber über den Daumen gepeilt, könnte es ein Hostablatt von dreien retten.

Die Regentonne ist voll, und ich kann die Dachrinnenklappe wieder schließen. Einige der Rosen müssen besser hochgebunden werden, und die kleineren Schäden an Sommerblumen kann ich mir am nächsten Morgen bei Tageslicht ansehen.

Täusche ich mich oder ist es tatsächlich so, daß die Spinnen vor allem bei Regen ins Haus kommen? Keine Ahnung, wie sie es immer wieder bis in die entlegensten Winkel schaffen, um sich dann groß, fett und schwarz von den weißen Wänden abzuheben. Kreuzspinnen sind kaum darunter, die kleben ihre Netze in die Achsel des Wäschepfostens, in die Kletterrosen, an den Veranda-balken, mit einem Wort dahin, wo die kunstvolle Konstruktion am besten zur Geltung kommt.

Wann immer ich die Wäsche aufhänge, säubere ich Stricke und Pfosten mit einem feuchten Tuch, um den heruntergeregneten Dreck zu entfernen. Da muß meist auch das Spinnennetz dran glauben. Anderntags ist es wieder da. An der-selben Stelle, nur das Muster ist ein wenig unterschiedlich, zumindest kommt es mir so vor.

Früher zählte ich zu den sprichwörtlichen Spinnenängstern, und ich lebte diese Angst voll aus. Wenn in meinem Schlafzimmer eine von diesen stattlichen Hausspinnen die Wände hochkroch oder sich just über meinem Bett festsetzte, holte ich den Besen, öffnete vorsorglich das Fenster, fing sie dann mit dem Besen auf und warf sie mitsamt dem Besen in den Garten hinunter.

Jetzt, wo der Garten unter dem Fenster ein formales Gärtchen geworden ist, mit ausgesuchten Blumen und gekiesten Wegen, würde ich das nicht mehr riskieren, aus Angst, eine von meinen Lieblingspflanzen zu beschädigen.

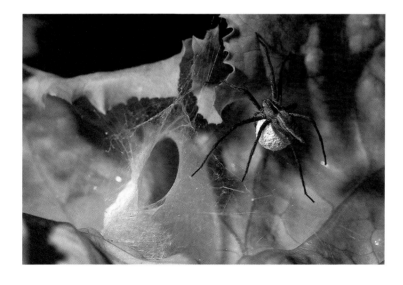

*Spinnen überall*

Nicht auszudenken, wenn ich den fliederfarbenen Rittersporn, der wie wild ausgetrieben hat, mit dem Besen träfe oder das braune Gras, *Carex buchananii*, knickte, das so feierlich strammsteht. Oder eine meiner selbstgezogenen Blutnelken. Auch die gerade erst austreibenden Blaurauten könnten Schaden nehmen und erst recht die purpurfarbenen Sterndolden, *Astrantia major* ›Burgundy Glow‹. Die weißen Lilien mit dem lustigen Namen ›White Twinkle‹, die im Moorbeet stehen wollen, die Purpurglöckchen und, und, und …

So besiegt eine Angst die andere. Ich erkläre also den Spinnen, daß das Schlafzimmer tabu ist, und wenn sich eine nicht daran hält, scheuche ich sie mit dem Besen ins Treppenhaus hinunter. *That's it.*

*Walzenwolfsmilch*

# Kampfgeschehen

Gelegentlich passiert es, daß einem Pflanzen unter den Augen abhanden kommen. Man geht durch den Garten, alles ist wie sonst – das heißt, nichts ist wie sonst, da der Garten sich jeden Tag ändert –, es fällt einem zwar das eine oder andere auf, nicht aber der Verlust, da er keine leere Stelle hinterlassen hat.

Sitzt man dann nachdenklich beim Frühstück, stellt sich der Schatten einer Erinnerung ein: da war doch was. Ich will sofort hinausgehen und nachschauen, aber da läutet das Telefon, und schon habe ich es vergessen.

Irgendwann in den nächsten Tagen beschleicht mich wieder das merkwürdige Gefühl von etwas Nichtvorhandenem, das einmal vorhanden gewesen ist, und wenn sich nicht in der nächsten Minute wesentlich Dringlicheres in die Aufmerksamkeit stiehlt, fange ich tatsächlich zu suchen an und finde auch etwas, unter den Trieben und Blättern einer anderen Pflanze, die die Gunst der Stunde genutzt und sich markant in den Vordergrund gespielt hat.

So geschehen mit den beiden kleinen Horsten von *Pennisetum alopecuroides* ›Little Bunny‹. Ich hatte sie vor drei Jahren, als ich meine erste größere Gräserbestellung aufgegeben hatte, mit aufgeschrieben und sie dann an den Rand eines hangseitigen Sonnenbeetes gesetzt, wo es ihnen auch zu gefallen schien, bis … ja bis ich den aus Brettern gezimmerten, anschließenden Sitzplatz (2,5 m mal 2,5 m) mit Frauenmantel umpflanzte, weil das so hübsch aussah und den Sitzplatz zur Insel machte, die von den messingfarbenen Wellen der Frauenmantelblüten umspült wurde.

In diesem Jahr aber griffen die Blätter des robusten Frauenmantels während der langen Regenperiode dermaßen aus, daß sie die beiden ›Häschen‹ vollkommen zum Verschwinden brachten. In ihrem Schatten hatten eine Reihe anderer kleiner Pflanzen, die immer bemüht sind, keinen Fingerbreit Boden nackt zu belassen, die Gelegenheit genutzt und sich dreist in die mangels Sonne geschwächten Horste gezwängt und sie nach Kräften durchwuchert.

Ich grub beide aus und *entlauste* sie erst einmal, zupfte all die invasiven Bodendecker aus dem struppigen Fell der Lampenputzergräser, kämmte sie mit den Fingern, um die Halme vom letzten Jahr zu entfernen, mischte Balkonblumenerde mit sehr viel Sand und setzte den einen Horst in einen ausgehöhlten Baumstamm, den anderen in einen Topf und konnte gar nicht so schnell schauen, als sie sich zu einigermaßen wohlgeformten Schöpfen aufrichteten, die den Namen Ziergras verdienen. Seither gehe ich öfter auf die Suche nach verlorengegangenen Schätzen in meinem Garten.

*Schleierkraut mit Malve ›Zebrina‹ und Fetthenne*

Ehrgeizig und platzgreifend, wie manche Pflanzen sind, kommt es des öfteren zu Kämpfen, die selten gut ausgehen. Der Beinwell zum Beispiel, eine nützliche Pflanze, die auch gut schmeckt – nur sollte man sie ihres Nitratgehalts wegen bloß in geringen Mengen zu sich nehmen –, tendiert bei entsprechendem Wetter zur Großmannssucht. Stets auf seinen Vorteil bedacht, legt er sich am liebsten in Betten, die nicht für ihn gemacht sind. Man muß dann versuchen, ihn möglichst niedrig zu halten, da die Hoffnung, ihn per Wurzelextraktion wieder aus den Astern oder sonstigen Pflanzen, denen er sich als Bettgeher beigesellt hat, herausoperieren zu können, sich als illusionär erweist. Es sei denn, man würde den ganzen Horst ausstechen und dann die Wurzeln voneinander trennen, aber selbst dann ist die Gefahr, daß ein Beinwellwürzelchen im Boden bliebe und trotz der ganzen mühseligen Prozedur im nächsten Frühjahr erst recht wieder austriebe, allemal gegeben.

Wenn man ihn aber von Zeit zu Zeit bis an die Wurzeln zurückschneidet und den Kürbissen, Zucchini und Paradeisern als Mulch unterlegt – in dieser Form ist er äußerst nahrhaft und heilsam –, kann man und können die *Wirtspflanzen* meist ganz gut mit ihm leben. So auch der Japan-Spierstrauch mit dem dunklen Laub, an den der Beinwell sich schon vor Jahren herangemacht hat. Der Versuch, ihn von der Wurzel her zu packen, scheiterte, wie vorauszusehen. Seine Verwendung als Mulch und Dünger trieb ihn zu immer neuer Blattbildung, aber auch der Spierstrauch gedieh. Und so schien die Welt diesbezüglich in Ordnung.

*Ein wohlgelittener Gartenbewohner*

Dieses Jahr aber hat der Beinwell die Grenze überschritten. Er profitierte vom anhaltend feuchten Wetter, plusterte sich auf wie nie zuvor und umzingelte den Spierstrauch, der sein möglichstes tat, um die immer enger werdende Umarmung zu sprengen, sich dabei aber selbst zu sehr verausgabte.

Ich bemerkte den Kampf sehr wohl, hatte jedoch im Garten Dringlicheres zu tun, als Schiedsrichter zwischen den beiden Büschen zu spielen, und so kam es, wie es wahrscheinlich kommen mußte. Das erste ernstzunehmende Unwetter fällte den Beinwell. Eines Morgens lag er wie die Speichen eines Rades um den Spierstrauch herum und hatte dabei auch einige von dessen Ästen, die sich im Kampf um Licht und Nahrung ebenfalls zur Übertreibung hatten hinreißen lassen, mit zu Boden gezogen. Das Sprichwort vom Hochmut, der vor dem Fall kommt, drängte sich auf, schien jedoch weder dem Beinwell noch dem Spierstrauch etwas zu sagen.

Ich schnitt alles Liegende ab, verfütterte den Beinwell an meine Nutzpflanzen, steckte den schönsten der Spierstrauchzweige in eine schmale hohe Vase und stellte diese zwischen aufstrebende Topfpflanzen, quasi als farblichen und formalen Vermittler, wozu er besser taugte, als ich vermutete hatte, und war es letztlich zufrieden. Das ist nämlich das Wunderbare an Pflanzen, daß man mit ihnen – ohne pietätlos zu erscheinen – auch noch als Abgestorbene etwas anfangen kann.

*Echinacea mit Gast*

# Klammheimliche Freude

Alle reden von der Klimaerwärmung, und ich gestehe, daß ich – und wahrscheinlich die meisten Bewohner der etwas kühlen Alpenregionen – damit nicht unbedingt Horrorvorstellungen verbinde. Insgeheim erhofft man sich davon sogar etwas wärmere, trockenere Sommer, weniger lange und schneereiche Winter, mit einem Wort, ungefähr ein Wetter wie in Südtirol.

Daß der Rückgang des Dachsteingletschers mit freiem Auge zu sehen ist, mag einige Hochalpinisten kränken, unsereine, die die Berge am liebsten von unten betrachtet, regt sich zwar gelegentlich darüber auf, ist aber emotional nicht wirklich beteiligt. Die Hoffnung auf ein paar Badetage mehr trägt viel zur wahrnehmungsmäßigen Verharmlosung der Klimaerwärmung bei.

Was aber tut dieses sich meßbar erwärmende Klima? Anstatt mit dem Winter maßzuhalten, hat es uns letztens den schneereichsten seit fünfzig Jahren beschert und das kühlste und regnerischste Frühjahr. Selbst wenn es weniger Nächte mit Tiefsttemperaturen gegeben haben sollte und weniger Maitage mit Bodenfrost, von mehr Badetagen war schon die letzten Jahre keine Rede. Dagegen häufen sich allerorten die Überschwemmungen, Hagelstürme, Bergrutsche, und zu allem Überfluß nähern sich Tiere, wie zum Beispiel eine Spinne namens Dornfinger, die auch beißt, und eine Unterart der Tarantel, auf die ich ganz und gar nicht neugierig bin.

*Veronica longifolia*

102

Daß das Taubenschwänzchen, ein auch tagaktiver Schwärmer, dessen Flug-verhalten an das eines Kolibris erinnert (sekundenlanger Aufenthalt vor einer Pflanze im Schwirrflug), sich neuerdings an meinen Blumenkästen zu schaffen macht, ist beim ersten Mal Hinsehen ein interessantes Detail der sich umstellen-den Fauna, reicht aber, ästhetisch gesehen, nicht an die Attraktion der vielen farbenprächtigen Schmetterlinge heran, die sich immer seltener zeigen, trotz Brennesselplantagen vor dem Komposthaufen und zwei Buddlejas, sogenannten Schmetterlingssträuchern, und ist erst recht kein Ersatz für einen hochsommer-lichen Badetag.

Leider sieht es so aus, als würde das Klima auf dem Weg zu seiner Erwärmung den Süden mit noch mehr Trockenheit heimsuchen und uns mit noch mehr Unwettern und Extremwetterlagen strafen. Da ist es dann rasch vorbei mit der klammheimlichen Freude auf häufigeres Schwimmen im See und viele laue Abende, an denen man bis Mitternacht im Freien sitzen kann, ohne sich in die obligaten Wolldecken hüllen zu müssen.

Daß vielleicht auch die eine oder andere mediterrane Pflanze leichter im Garten überwintern könnte und einem dadurch das lästige In-den-Keller-Schleppen im Herbst erspart bliebe, halte ich schon all der Kapriolen wegen, die das Wetter neuerdings schlägt, für ausgeschlossen, auch wenn die Temperaturen steigen. Bis sie sich auf den dazu erforderlichen Mittelwert eingependelt haben, können viele, viele Jahre vergehen, wenn überhaupt. Bis auf weiteres gilt also *fix ist nix*. Entweder gewöhnt man sich die Mediterranen ab, oder man schleppt unverdrossen weiter: im Herbst in den Keller hinunter, im Frühjahr aus dem Keller herauf. Klimaerwärmung hin oder her.

# Gezähntes

Es gibt Pflanzen, die man jahrelang keines zweiten Hinsehens für wert befindet, bis sie einem plötzlich ins Auge springen, so als hätte ihr Genius einem die Seele gestreichelt. Ein Vergleich, der sich bei den Pflanzen, an die ich dabei denke, als eher unpassend erweist. Ich meine die Familie der Disteln, die zwar auf lateinisch nicht alle gleich heißen, sich jedoch ausnahmslos mit gezähnten Blatträndern gegen Grapscher zur Wehr setzen.

Als Kinder haben wir uns das abgeschaut und einander mit Kohldisteln (abwechselnd mit Brennesseln) in die Flucht geschlagen oder uns gegenseitig in sogenannte G'stättn, auf denen beides wuchs, geschubst.

Wahrscheinlich war es eine Abbildung in einem Gartenbuch, die eine Distel von ihrer schönsten Seite zeigte, die meinen Blick länger als üblich auf sich zog und nachhaltig genug war, daß ich mich bei meinem nächsten Besuch in der Gärtnerei daran erinnerte.

Auch die Vorstellung, daß Disteln anspruchslos seien und mit jedem noch so kargen Boden vorliebnehmen würden, bestärkte mich als Anfängerin in Sachen Garten darin, ein oder zwei Exemplare der Elfenbeindistel, *Eryngium giganteum*, zu erwerben. Diese Distel heißt in England übrigens ›Miss Wilmott's ghost‹, da die Gartengestalterin dieses Namens sie als Strukturpflanze schätzte und ihre Samen heimlich in fremden Gärten ausstreute, um ihr größere Verbreitung zu sichern. Anders gesagt, um arglose Gärtner mit kräftigen Selbstaussäern zu necken.

Mittlerweile empfinde ich das Wort *anspruchslos* als geradezu alarmierend.

Meist bedeutet es, daß eine Pflanze keinen überdüngten Boden mag und daher den Garten auf der Suche nach dem ihr gemäßen Platz zu durchwandern beginnt. So sie die Kraft dazu hat.

Ich setzte damals *Eryngium giganteum* an den Rand meines noch sehr bescheidenen ersten Beetes, in Rasennähe, und kümmerte mich nicht weiter darum, da sie ja als so anspruchslos bekannt war. Offensichtlich verstand sie aber unter Anspruchslosigkeit etwas ganz anderes als ich, denn sie blühte zwar die paar grünsilbrigen Blüten, die sie im Topf getrieben hatte, zu Ende, verkam aber dann, ohne eine sichtbare Spur zu hinterlassen.

Ich lernte, daß Anspruchslosigkeit keineswegs etwas mit Beliebigkeit zu tun hat, sondern – im Gegenteil – einen ganz bestimmten Standort meint, an dem ein Ensemble von Bedingungen zuzutreffen hat, um der Anspruchslosigkeit zu genügen, Bedingungen, die unsereiner spät oder nie durchschaut.

*Vorhergehende Seiten: Marienglockenblume und Elfenbeindistel*

Zwei Jahre lang war von der Elfenbeindistel nichts mehr zu sehen gewesen, dann tauchten plötzlich in einiger Entfernung vom Standort der Mutterpflanze Sämlinge auf, die mich an die Verblichene erinnerten. Im wahrsten Sinne des Wortes, da die Elfenbeindisteln erst beim Absterben jenen Elfenbeinton annehmen, von dem sie den Namen haben. Sie wanderten, Ausschau haltend, durch die Beete, bis sie endlich den Platz gefunden hatten, der ihrer manchmal ein wenig komplizierten Anspruchslosigkeit – darin ähneln sie durchaus manchen Menschen – entsprach. Es war der Platz zwischen den Terrassensteinen, in den sie sich zwängten, ohne je den Versuch zu unternehmen, sich im angrenzenden Sonnenbeet festzusetzen, was naheliegend gewesen wäre.

Ich habe einiges über die Gründe herausgefunden, warum sie sich ausgerechnet auf diesen Platz kaprizierten, ohne mir einzubilden, damit das Rätsel der einseitigen Bevorzugung vollinhaltlich gelöst zu haben.

Erstens sichert ihnen ein solcher Zwischenraum eine echte Solitärstellung. Der Platz ist zu eng, um ihn mit mehr als ein paar Gänseblümchen zu teilen. Die Steine halten die Wurzeln warm und verhindern, daß Regen- oder Gießwasser zu rasch verdunsten. Und die Distel selbst tut ein übriges, indem sie mit ihren basalen Blättern den Spalt bedeckt.

Nachdem das genau der Platz war, den die Disteln für sich bestimmt hatten, gingen sie sogleich daran, sich nach Kräften zu vermehren und alle anderen Pflanzen aus den Terrassenfugen zu verdrängen. Diejenige, der sie damit

*Distelsamen*

ernsthaft ins Gehege kamen, war ich, beziehungsweise die Familie, Freunde und Besucher, denn eigentlich war die Terrasse dafür gedacht, daß man auf ihr gehen, sitzen oder liegen kann. Das Sitzen und Liegen hatten wir ohnehin längst aufgegeben, denn ein Teil der Fugen war von einer Wolfsmilch, *Euphorbia polychroma*, Centaurien, lachsfarbenem Fingerkraut und einem breitblättrigen Riesenwegerich besetzt. Aber gehen sollte man zumindest noch können.

Ich machte mich also daran, einige der Distelsämlinge umzuquartieren. Sie würden, dachte ich, gut in ein anderes Beet am Hang mit Gräsern, Dahlien, *Thalictrum delavayi*, Salbei usw. passen. Es ist schier unmöglich, einen solchen Sämling, auch wenn seine Rosette noch klein ist, aus seiner Fuge zu extrahieren, ohne daß die lange Pfahlwurzel Schaden nimmt. Und wenn doch, funktioniert es nur mit dem Trick, den benachbarten Terrassenstein anzuheben, aber selbst dann ist der Erfolg nicht garantiert.

Immerhin ist es mir gelungen, ein paar der Sämlinge in dieses Hangbeet zu verpflanzen, das – wie ich dachte – wenn auch zweite Wahl, so doch eine Wahl war. Aber offensichtlich erinnern sich die Sämlinge zu gut an ihr Terrassensteinparadies. Sie wachsen zwar schon seit einigen Jahren in dem neuen Beet, werden aber nicht so stattlich wie die paradiesischen und säen sich in diesem Beet auch nicht aus. Was mich weiters nicht stört. Schließlich wachsen dort auch andere Pflanzen, sehr schöne andere Pflanzen, zu denen die Elfenbeindisteln in einem interessanten Kontrast stehen. Vielleicht sind sie auch deshalb an ihrer neuen Umgebung so desinteressiert, weil ihnen im Beet die Einzelstellung verwehrt ist. Eitel scheinen sie schon zu sein, diese bizarr geformten Anspruchslosen.

Irgendwann hatte ich dann Lust auf mehr Disteln, andere Disteln. Fotos in ›Gardens Illustrated‹, der englischen Gartenzeitschrift mit den wohl besten Pflanzenfotos der Welt, schürten zusätzlich meine Neugier. Doch das Sortiment bei österreichischen Staudengärtnern ist nicht sehr groß. Man muß die Kataloge schon genau durchforsten und sofort bestellen, denn die Sorten kommen und verschwinden wieder.

Ich hatte das Glück, vor Jahren unter den Überschußpflanzen des Botanischen Gartens Wien, beim Belvedere, auf *Eryngium yuccifolium* zu stoßen. Ihr gönnte ich von Haus aus die Einzelstellung in einem kleinen runden Beet, das im Frühjahr voller Türkenmohn war, mit ein paar Nachtviolen und Tulpen und später einem Busch niedrig wachsender Astern, die diese Distel, die mich in ihrem zweiten Jahr zu überragen begann, höchstens als Fußvolk wahrnahm. Ihre stacheligen, schwertförmigen Blätter wurden ziemlich lang und glichen tatsächlich denen einer Yucca, also einer Palmlilie, und an ihrem Stengel erschienen im

Hochsommer an leicht verzweigten Ästen zylindrische Dolden mit blaßblauen Blüten, die sich sehr apart ausnahmen. Der Yuccablättrigen schien es da zu gefallen, sie wurde größer als angegeben, und ich war mir sicher, daß sie sich aussäen würde.

Mitnichten. Offensichtlich erschien ihr das Platzangebot für ihresgleichen doch zu dürftig, als daß es sich gelohnt hätte, eine Menge Kinder auszustreuen. Nach diesem Winter war und blieb sie verschwunden. Ein Gastspiel eben, an das ich mich mit Begeisterung erinnere.

Mittlerweile gibt es eine Reihe anderer Disteln in meinem Garten. *Eryngium alpinum* zum Beispiel, deren wunderbare Blüten aus einem grünlichen Nektarkolben, ähnlich dem der Elfenbeindistel, und einer Halskrause aus azurblauen, gefiederten, leicht stacheligen Brakteen bestehen. Oder *Eryngium planum*, die Mannstreu-Distel, mit kleinen, stark verzweigten, blauen Blüten. *Eryngium bourgatii* hat weiß geädertes Laub und stark gezähnte und bestachelte Blätter. Die weiße Äderung hat sie mit der Mariendistel gemeinsam, *Silybum marianum*, die auch als Heilpflanze bekannt ist, vor allem was Leber und Galle angeht, und die purpurfarben blüht. Ich ziehe sie nur in Töpfen, da die Schnecken ihnen prinzipiell nach dem Leben trachten. Außerdem sind sie nicht winterhart, zumindest hierzulande nicht.

Bewunderungswürdig ist auch die Kardendistel, *Morina longifolia*, die im Schutz der südseitigen Hauswand – und nur hier, schon im Beet war es ihr zu feucht und zu kühl – ihre prächtige weiß-rosa Blütenkerze in die Höhe treibt, wobei sie demnächst am Blumenkasten anstoßen wird, so sie sich nicht ein wenig nach vor beugt. Es sei denn, sie begnügt sich mit der letztjährigen Höhe.

Eine Eselsdistel, *Onopordum acanthium*, hat mich in einem Garten in Leoben mit ihrer enormen Größe beeindruckt, so daß ich mir eine Jungpflanze erbat, die aber letztlich in ihrer Mächtigkeit nicht in meinen Garten paßte, so daß ich sie an den Garten des Literaturmuseums Altaussee, im Tal unten, weitergab. Dafür wanderten gelbblühende Gänsedisteln zu, die vielleicht dem Garten, nicht aber mir paßten.

Die Disteln gehören zu den wenigen Pflanzen, die sogar einen namentlich gekennzeichneten, eigenen Vogel haben, nämlich den Distelfink, einen sehr bunten Vogel, der meist paarweise unterwegs ist. Sobald die Distelsamen reif sind, stürzen sich Herr und Frau Stieglitz, wie die Distelfinken auch heißen, auf die Elfenbein- und sonstigen Disteln und picken auf deren unter ihrem Vogelgewicht zart hin und her schwingenden Blütenästen nach nahrhaften Samen. Ein anmutiger Anblick, den ich im Frühherbst nicht missen möchte.

Eines Morgens liegt ein toter Kleiber zwischen den Töpfen auf der Terrasse. Er scheint unversehrt zu sein, und als ich ihn mit einem Stück Küchenrolle aufhebe, fühlt er sich noch warm an. Ob auch Vögel der Schlag treffen kann? Oder ist er unversehens gegen die Fensterscheibe geprallt und hat sich das Genick gebrochen? Noch glänzt sein Gefieder, besonders der blaugraue Rücken, aber auch der kastanienfarbene Bauch. Die schwarze Augenbinde verleiht ihm einen Hauch von Verwegenheit, er wiegt fast nichts. Wahrscheinlich hat er sein Nest in einer Höhle des alten Apfelbaums neben der Einfahrt. Beziehungsweise hat sein Weibchen dort die Eier ausgebrütet, während er ihr sozusagen das Futter ans Wochenbett gebracht hat.

Als wir noch Kinder waren, haben wir des öfteren halbtote Jungvögel gefunden, Nestlinge, die heftiger Regen während ihrer ersten Flugversuche zur ungewollten und unsanften Landung zwang. Anstatt die Vögel liegen zu lassen, wo wir sie gefunden hatten, damit ihre Mütter sie versorgen und später an einen sicheren Ort lotsen konnten, trugen wir sie nach Hause, machten ihnen ein Bett aus alten Stoffwindeln und versuchten, sie wieder hochzupäppeln, indem wir Fliegen für sie fingen und Mehlbrei anrührten oder im Garten nach Käfern für sie suchten. Alle paar Minuten liefen wir ins Kinderzimmer, um nach ihnen zu sehen, mit Hoffen und Bangen, von Mitleid gebeutelt, und doch ist es uns nie gelungen, einen dieser Vögel – manchmal hatten sie auch gebrochene Flügel – davonzubringen.

Wenn sie dann tot waren und wir heftig um sie geweint hatten, wurden sie begraben, das heißt, irgendwo im Garten verscharrt. Und über dem kleinen Hügel, der dabei entstand, errichteten wir ein Kreuz aus Buchenspänen, mit denen die Kachelöfen angeheizt wurden, und flochten winzige Kränze aus Wiesenblumen, die wir um das Kreuz hängten.

Einen Augenblick lang überlegte ich tatsächlich, ob ich den toten Kleiber nicht in einem der Beete begraben sollte, entschied mich dann aber für die Biomülltonne, in der schon die halbverweste Dohle gelandet war, die Max wohl im Spätherbst auf der unteren Veranda überwältigt hatte und die er sich dann im tatsächlichen Sinn des Wortes auf Eis legte, indem er sie hinter einen Topf zerrte, wo ein vergessener Untersetzer stand, in dem sich bereits eine Eisschicht gebildet hatte.

Das waren so ziemlich die einzigen Vogelleichen, mit denen ich in den letzten Jahren konfrontiert worden bin. Ich frage mich, was mit den anderen geschieht.

Mit all den vielen Vögeln, die im Garten leben oder ihn von außerhalb ansteuern, vor allem wenn es länger friert, und die alle irgendwann sterben, sei es, daß sie – von wem auch immer – gefressen wurden oder einfach verendet sind.

Hatten sie einen bestimmten Ort, an dem sie sich dem Tod anheimstellten, oder zogen sie sich bloß in eine dichte Hecke zurück, wo sie dann vom Ast stürzten und im darunterliegenden Laub verwesten? Flogen sie in den Wald, wo sie im entscheidenden Moment einem Fuchs vor die Schnauze fielen, oder waren sie schon längst im Visier einer Eule, die den Augenblick der letzten Schwäche vor dem Sterben erkannte und ein leichtes Spiel hatte?

Lauter Vermutungen. In Wirklichkeit habe ich keine Ahnung, was geschieht, wenn wildlebende Vögel eines sogenannten natürlichen Todes – was ist am Tod schon natürlich? – sterben. Am glaubhaftesten erscheint mir noch immer die Sache mit der *Freßpolizei*, nämlich daß sofort andere Tiere zur Stelle sind, um sich den leblos gewordenen Körper als eiweißreiche Nahrung einzuverleiben und weiterzuverwerten.

Zurück zu den Lebenden und zu den Vögeln im Garten. Die auffälligsten sind in jedem Fall die Amseln. Ihre Zutraulichkeit verwirrt mich gelegentlich. Wenn sie mich zum Beispiel beim Garteln auf Schritt und Tritt verfolgen. Wahrscheinlich gelte ich bei ihnen als Wurmzeiger, denn beim Löchergraben für neue Pflanzen ringeln sich bald ein paar Würmer an der Oberfläche.

Manchmal aber kommt es mir auch so vor, als wären die Amseln scharf auf menschliches Publikum. Daß sie neugierig sind, scheint mir erwiesen, obwohl ihnen ihre Neugier mitunter auch zum Verhängnis wird. So ist vor einigen Jahren, als eine Amsel in der Biegung der Regenrinne, direkt unter der Überdachung der Terrasse, nistete, eines ihrer Jungen in die blecherne Gießkanne aus England geflogen (oder gestürzt) und im halbhohen Wasser stehend, mit leicht seitlich geneigtem Kopf, vor Erschöpfung und Hunger zu Tode gekommen – wie die Nachbarin es formulierte –, während ich auf Reisen war.

Aber die Neugier allein ist es nicht. Wer einmal ein halbwüchsiges Amseljunges dabei beobachtet hat, wie es seine ersten Würmer fängt, wird sich des Eindrucks nicht erwehren können, daß es sich damit in Szene setzt und am liebsten den ganzen Garten zusammenriefe, um auf seinen Erfolg aufmerksam zu machen.

Oder das allabendliche Kampfgezwitscher, von dem ich ursprünglich glaubte, es diene dazu, eine Katze oder eine Äskulapnatter vom Nest fernzuhalten, bis ich eines Abends das Amselmännchen Domingo, wie ich es seither nenne, am First des Nachbarhauses sitzen sah und seine Rezitative in die Umgebung schmettern hörte. Von Zeit zu Zeit wechselte es auf unseren Giebel herüber und erhöhte dabei noch die Lautstärke.

Tagsüber baden die Amseln immer wieder im Teich, mit lautem Geplätscher und Geschwirre, und es ist ihnen vollkommen egal, ob ich in der Nähe bin oder nicht. Die einzigen, vor denen sie einen beträchtlichen Respektabstand halten, sind die Katzen und das Hohe Paar, die zwei Riesenrabenkrähen aus dem benachbarten Riesenahorn, die sich gelegentlich hier die Füße waschen.

Im Grunde wundert es mich, daß noch keine Ente in den Teich gefunden hat. Ist er tatsächlich zu klein oder nur zu abgelegen? Eigentlich bin ich froh darüber, da der Entendreck das Wasser rasch überdüngen würde. Angeblich kann man sie damit verscheuchen, daß man eine Entenattrappe zu Wasser läßt. Was mich angeht, käme da nur eine der klassischen hölzernen aus England in Frage, die noch nicht aussehen wir ein Gartenzwerg mit Schwimmflossen.

Im Moorsee, in dem ich des öfteren schwimme, gibt es einige Paare von Reiherenten, die vorwiegend schwarz gefiedert sind, mit einem leuchtendweißen Band über den Flanken. Die würden mir schon gefallen, aber das wäre dann wohl das Ende von Molch und sauberem Wasser.

Da lobe ich mir die Bachstelzen, diese schwarz-weiß-grauen Zilper, die bei jedem Schritt mit dem Schwanz wippen und ebenfalls an den Teich kommen, um ein Bad zu nehmen oder nach den Larven von Wasserinsekten zu angeln. Es gibt übrigens auch Gebirgsstelzen, die dort, wo die Bachstelzen weiß sind, ein gelbliches Gefieder haben. Ich konnte sie schon mehrfach an der Traunpromenade beobachten, wo sie unter den Brücken nisten. Zum Teich aber kommen nur die Bachstelzen.

Am schönsten von allen Singvögeln ist jedoch der Gimpel oder Dompfaff, wie man auf hochdeutsch sagt. Er ist ein seltener Gast im Garten und kommt nur, wenn noch mehr Schnee angesagt ist. Da läßt er sich dann am Futterhäuschen nieder und frißt auf Vorrat, bevor er in den Wald zurückkehrt. Sein kirschroter Bauch leuchtet über dem Schnee, und seine tiefschwarze Mütze sowie die taubengrauen Flügel mit den schwarzen Spitzen machen ihn zur unbestrittenen Nummer eins in Sachen winterlicher Federbekleidung.

## Selten ein Nutzen, wo nicht auch ein Schaden dabei ist

Daß Tiere im Garten nützlich sein können, ist unbestritten, die Frage ist nur, für wen. Seit Tagen beobachte ich einen Marienkäfer, der die Stengel einer Dahlie nach Blattläusen absucht beziehungsweise die Läuse abgrast. Er nützt der Dahlie, die er von Saftsaugern befreit, und dadurch auch mir, die ich eine gesunde Dahlie blühen sehen möchte. Die Blattläuse hingegen, die sich wie eine breite Manschette um den Hals der gerade in lebhaftem Violett erblühten Mariendistel sammeln, nützen den Ameisen, die den süßen Saft, den die Blattläuse aus den Pflanzen saugen, den Läusen abmelken und damit ihren eigenen Haufen verwöhnen.

Die Ameisen nützen mir nicht oder – sagen wir – nicht unmittelbar. Aber wie ich erfahren habe, gehören sie zur Freßpolizei und entsorgen verwesendes Eiweiß tierischer Herkunft, das ansonsten im Weg herumliegen und zum Himmel stinken würde. Das ist auch in meinem Interesse.

Ich bilde mir ein, mit den Ameisen meines Gartens eine Art Pakt geschlossen zu haben. Zumindest halten sie sich bisher daran, ob *volens* oder *nolens*. Ich ermögliche ihnen den Zugang zu gewissen Küchenabfällen, auch zuckrigen, indem ich die Mini-Biotonne nicht in der Küche, sondern vor der Küchentür im Freien aufgestellt habe. Eine richtige kleine Ameisenstraße führt zu ihr hin, was mich nicht weiter stört, solange sie vor der Küchentür endet. Im übrigen lasse ich die Ameisen einfach in Ruhe. Es sei denn, ich lüpfe einen Stein in der Beeteinfassung, um ein Grasbüschel zu jäten, und stelle fest, daß sich darunter ein Ameisennest befindet. Die Ameisen sind wütende Protestierer und pinkeln einen sofort an, an welcher Körperstelle sie einen auch erwischen. Also lege ich den Stein augenblicklich an seinen Platz zurück.

Ich streue weder *Ameisentod*, noch lasse ich sie in mit Himbeersaft gefüllte Tiegel tappen, in denen sie kleben bleiben. Und ich zerstöre ihre kleinen Erdhaufen und -nester nicht. Dafür kommen sie nicht ins Haus – pakttreu. Vielleicht ist aber alles ganz anders, und sie haben das Haus nur noch nicht entdeckt, weil sie außerhalb genügend Nahrung finden.

Wann immer ich in Gesellschaft das Wort *Nacktschnecken* fallenlasse, hebt jemand es mit dem Wort *Laufenten* wieder auf. Selbst Menschen, die Enten nur aus der Bratpfanne kennen, wissen über die Nützlichkeit indischer Laufenten Bescheid, weniger über ihre Bratpfannentauglichkeit als über ihre Qualitäten als Schneckenvertilger.

Abgesehen davon, daß Enten einen Stall brauchen, den ich nicht habe, und ich mir meinen kleinen Seerosenteich nicht von ihnen zu*fäkalisieren* lasse, ist auch ihre Nützlichkeit für den Garten eine zweischneidige Angelegenheit. Denn mit demselben Schnabel, mit dem sie Nacktschnecken fressen, vertilgen sie auch zarte Pflänzchen zur Abrundung ihres tierischen Speiseplans, egal ob es sich dabei um junge Löwenzähne handelt oder um die neueste Generation von Kapuzinerkresse in den ausgefallensten – und teuersten – Farben auf dem Markt.

Für besonders fragwürdig hinsichtlich ihres Nutzens für den Garten halte ich die sogenannten *Ohrenschliefer*. Manche Gartenratgeber propagieren sogar, sie aktiv zu unterstützen, indem man ihnen mit Holzwolle gefüllte Gartenkugeln als Schlafquartiere anbietet. Meine Erfahrung hingegen ist, daß sie am liebsten in den Blüten von *Clematen* und *Brugmansien*, wie die *Daturen* jetzt heißen, übernachten, wo sie nach vorangegangener Völlerei, sprich: radikalem Blütenverbiß, ihren Saftrausch ausschlafen und am Morgen ziemlich ungehalten – gottlob kläffen sie nicht auch noch – reagieren, wenn man sie aus den Kelchen schüttelt.

Kann schon sein, daß sie sich auch eine Menge kleinster Insekten und Läuse einverleiben, sichtbar sind jedoch vor allem ihre Bißspuren an den Blättern großer Gartenschönheiten.

Auch die Amseln sind nur von begrenztem Nutzwert für den Garten, selbst wenn sie sich mit noch so vielen Würmern, meist Regenwürmern, präsentieren, als wollten sie dafür bezahlt werden. Aber wer hat schon etwas gegen Regenwürmer,

*Wer ist nützlich für wen ?*

die den Boden lockern. Die von ihnen wieder ausgeschiedene Erde gehört zum denkbar feinsten Kompost und heißt nicht zu Unrecht *Wurmgold.*

Ihre Neugier treibt diese Vögel in die Beete, wo sie auf der Suche nach den von ihnen bevorzugten Würmern nicht davor zurückschrecken, junge Pflänzchen auszurupfen, am liebsten Hauswurzen oder jungen Salat. Sie sind auch diejenigen, die den Rindenmulch, unter dem sie wer weiß was vermuten, auf die weiß gekiesten Wege des Gärtchens schleudern und durch nichts daran zu hindern sind, ihren Kot auf den Gartenmöbeln abzusetzen, anstatt gezielt in die Blumentöpfe.

Um nicht mißverstanden zu werden, ich gehöre keineswegs zu den RepräsentantInnen der vermeintlichen Krone der Schöpfung, die davon überzeugt sind, daß gut immer mit nützlich gleichzusetzen wäre. Im Gegenteil, ich betrachte das nicht eindeutig Zuordenbare für das viel Wahrscheinlichere und halte daher auch nichts von einseitigen Etikettierungen.

Daß bei Igeln die Nützlichkeit überwiegt, will ich gern glauben, da ich Parteienstellung habe. Es ist mir nur allzu recht, wenn diese nächtlichen Possenreißer mit Schnecken, Würmern und Mäusen aufräumen. Die Betroffenen werden es natürlich anders sehen. Daß Igel dabei schmatzen, schlürfen, zischen und fauchen, stört mich nicht im geringsten. Daß sie meistens voller Flöhe sind, beißt mich persönlich auch nicht. Selbst wenn sie Schuhe verschleppen, was sie mit Leidenschaft tun, tut das ihrem guten Ruf keinen Abbruch. Schwerer wiegt da schon, daß ihre Possierlichkeit im menschlich Bildnerischen zu enormen Ausbrüchen von Kitsch geführt hat, was aber keineswegs den Igeln anzulasten ist. Selbst in der Welt der Märchen und Sagen hat man ihnen eine weise Gemütlichkeit angedichtet, die für Raubtiere – Igel fallen über die Nester von Bodenbrütern her, morden Mäuse und fressen außer Schnecken auch kleine Frösche und Schwanzlurche – nicht gerade charakteristisch ist.

Auch Ringel- und Äskulapnattern, die es sogar mit Wühlmäusen aufnehmen, sind nicht bloß nützlich. Sie haben die unangenehme Eigenschaft, sich an Orten zu verstecken, an denen Menschen einer Beschäftigung nachgehen, wie zum Beispiel in südseitigen Blumenkästen, die von Zeit zu Zeit gegossen oder gejätet werden müssen, oder auf sommerlich erwärmten Dachluken, wie neulich in Oberösterreich geschehen. Kommt es dann zur unvermuteten Begegnung von Mensch und Schlange, in diesem Fall von einer Frau mit einer Äskulapnatter, erschrecken beide und verlieren die Nerven. Der Mensch schreit und die Schlange beißt, wenn man ihr – gewollt oder ungewollt – zu nahe kommt. Und obwohl weder Ringel- noch Äskulapnatter giftig sind, schlagen sie ihre Zähne auch so in

mancherlei Bakterienbehaftetes, so daß es zwar zu keiner Schlangengiftvergiftung, jedoch zu einer gewöhnlichen Blutvergiftung kommen kann, wenn
die Wunde nicht behandelt wird. Ähnliches sagt man übrigens von Hai- und
Krokodilbissen.

Hätte ich den *Goldenen Palmwedel* an einen Nützling im Garten zu verleihen,
würde ich ihn, wenn schon nicht an die Milliarden Bodenlebewesen, die das
Gärtnern überhaupt erst ermöglichen, so zumindest an Milli, die Erdkröte, vergeben. Sie ist weder possierlich noch anmutig, besitzt jedoch eine natürliche
Würde, und der Blick aus ihren ausdrucksstarken Augen wahrt sein Geheimnis.
Milli nährt sich von Insekten und Wirbellosen und läßt unsereinen, das heißt die
Säuger, in Frieden. Sie macht keinen Lärm, selbst ihr Brunftgequake erfolgt in
Zimmerlautstärke, sie erschreckt nur mäßig, beißt und kratzt nicht und gehört zu
den diskretesten Mitgliedern der Wohngemeinschaft Garten.

Bitte vor den Vorhang, Milli!

*Siebenschläfer*

# Nachtrag

Bei den Pflanzen scheint die Nützlichkeit noch ausgemachter als bei den tierischen Gartenbewohnern. Nutzpflanzen und Heilpflanzen dienen dem menschlichen Körper zum Erhalt und gelten daher *a priori* als die Guten. Blumen erfreuen das menschliche Auge und steigen im Wert, je mehr Pflege sie benötigen und je weniger es von ihrer Sorte gibt. Das bedeutet, je seltener sie in dieser Gegend vorkommen und je findiger man sein muß, um sie in den eigenen Garten zu locken. Alles andere zählt als Un- oder Beikraut, das geduldet oder nicht geduldet wird, künstlerisch-gärtnerisch jedoch nicht von Belang ist.

Ein japanischer Gartenweiser des letzten Jahrhunderts soll einmal gesagt haben, daß der Löwenzahn wohl eine der geschätztesten und begehrtesten Pflanzen wäre, käme er nicht in solchen Mengen vor. Seine Robustheit, seine Qualität als Vitaminspender, seine Sonnenähnlichkeit ... aber wem sagt das noch etwas, wenn Millionen kleiner Sonnen in einer Wiese aufgehen. Offensichtlich wird das meiste, was auch ohne *Agrikultur* in Massenproduktion geht, nicht wirklich gewürdigt.

Dazu eine persönliche Erfahrung: Vor Jahren bekam ich von der überaus großzügigen Gärtnerin aus Kircham in Oberösterreich, die mich schon mit vielen anderen Samen und Sämlingen beschenkt hat, ein paar Knöllchen von *Stachys affinis*, dem Knollenziest, um sie in meinem Garten auszuprobieren. Ich steckte sie in die damals noch vorhandenen Hochbeete und war ziemlich enttäuscht, als sich nicht viel tat. Der Ziest blühte lavendelfarben, wenn auch eher unscheinbar, und die herbstliche Suche nach den Knöllchen in der bereits schattenfeuchten Erde des Hochbeets gestaltete sich mühsam und aufwendig.

Dennoch war ich stolz auf die Früchte meiner Mühen, die angeblich in Frankreichs Küchen mit Gold aufgewogen werden, muß man sie doch händisch ernten und händisch schrubben, ehe man sie, die die Form der Gliedmaßen eines Michelin-Männchens haben – also gerillt –, in Butter rösten und essen kann.

Im nächsten Jahr waren es ein paar Blüten und ein paar Knöllchen mehr. Der wahre Hype aber trat erst ein, nachdem aus dem Gemüsegarten mit den Hochbeeten das neue formale Gärtchen geworden war, dem vorgelagert ein Beet mit Stachel- und Johannisbeerbüschen so blieb, wie es gewesen war, mit einigen Frühjahrsblühern, Windröschen, Hyazinthen und Akeleien.

Die Landschaftsgärtner hatten die Erde aus den alten Hochbeeten auf diesem Beet verteilt und sie mit Rindenmulch abgedeckt, um invasives Unkraut klein zu halten. Somit kamen auch die im Hochbeet verbliebenen, da von mir beim

*Der Garten mit der Trisselwand im Hintergrund*

119

Ernten übersehen, Knöllchen ins Beerenobstbeet und an die Füße der neuen Hainbuchenhecke. Bereits im ersten Jahr fiel die Ernte wesentlich reicher aus als zuvor in den Hochbeeten. Ich grub aus und schrubbte, fluchend ob der Knochenarbeit, stellte die geernteten, geschrubbten und in etwas Sand gewälzten Knöllchen, die ich nicht gleich gegessen hatte, in einem Plastikbehälter in den Keller, wo sie innerhalb von ein paar Wochen, aus meinem Gedächtnis wie gelöscht, trotz des Sandes verschimmelten.

Offensichtlich hat meine minutiöse Ausgräberei die verbliebenen Knöllchen in diesem Jahr zu einem geradezu hysterischen Wachstumsschub angeregt, denn sie stehen nun dicht an dicht, in einer Menge, die aus dem Boden zu holen und zu schrubben mir bei bestem Willen nicht möglich sein wird. Ich habe in diesem Leben schließlich auch noch anderes vor. Was also tun? Am besten gar nichts. Die Knöllchen, so ich nicht gerade auf eine kleine Portion Appetit habe, in der Erde lassen und warten, bis sie von selber aufgeben. Mich einfach totstellen und so tun, als wäre nichts. Sollen sie das doch mit den Beerensträuchern und der Buchenhecke selber regeln.

Soviel zum Nutzen ausgemachter Nutzpflanzen.

*Rose ›Queen of Denmark‹*

# Teppichmuster

Verregnete Sommermonate wie im letzten Jahr tun weder den Rosen noch den Paradeisern gut. Die Nacktschnecken, die nicht mehr ganz so zahlreich von den umliegenden Wiesen zuwanderten wie in den Jahren davor, als die Zahlen ihrer Populationen steil nach oben stiegen, füllen langsam, aber sicher ihre Bestände wieder auf, und die Gummistiefel gehören zur arbeitsmäßigen Grundausrüstung. An welcher Pflanze auch immer man anstreift, sie schlägt ihr Wasser an einem ab. Die größeren Blüten verkleben und beginnen zu faulen, und unter der schlappen Blattmasse verkommen die kleineren Pflanzen, die es warm und trocken mögen.

Mit einem Wort, der Garten wird immer mehr zum Wegsehen, und da auch die tägliche Jätearbeit wegen Nässe und Aussichtslosigkeit entfällt, wird – zur Aufhellung des Gemüts – wieder häufiger spazierengegangen.

Ich erinnere mich noch gut an die kleine Wanderung mit einer Freundin in der Tropfenpause eines jener Juli-Schüttage in der Gegend um Krungel. Die Berge, in diesem Fall die Ausläufer des steirischen Olymps, des Grimmings, und Teile des Toten Gebirges, waren von Wolkenschwaden bandagiert, die Wälder trieften, und so blieb der Blick mangels anderer Attraktionen, und wie ich zugeben muß, mit immer größerem Interesse, am Feldrain hängen.

Ich weiß nicht, wann oder ob ich je zuvor eine solche Vielfalt an Pflanzen an einem so unscheinbaren Ort gesehen habe. Ein sanftes Nachregenlicht steigerte bei noch immer bedecktem Himmel die Farbwahrnehmung ins Überirdische, und die Feuchtigkeit gab den Konturen eine Festigkeit, die jedoch ohne Schärfe war.

Ich konnte nicht anders, als die Freundin bitten, mir für eine Weile Schirm und Tasche abzunehmen, um wenigstens diejenigen Pflanzen, die ich auf Anhieb erkannte, notieren zu können.

Da gab es vereinzelte Knabenkräuter, den Großen Wiesenknopf, Wiesenkerbel, Wiesenbärenklau, Wiesensalbei, Wiesenwitwenblumen, Wiesenstorchschnäbel und Wiesenglockenblumen, Dornigen Hauhechel, Zaunwinden, Wilde Möhren, Große Braunellen, Mittlere Wegeriche, Gemeines Labkraut, Echten Baldrian, Teufelsabbiß, Taubenskabiosen, Silberdisteln – von denen sich eine Gartenform in meinem Steingarten vermehrt –, Sterndolden, Kreuz-Enziane, Nesselglockenblumen, Klettenkerbel, Waldstorchschnäbel, Waldwitwenblumen, Zittergräser und viele andere mehr, für die ich keinen Namen hatte.

Alles leuchtete in Rosa, Violettbraun, Lavendelblau, Azur oder Weiß, wie ich es noch nie leuchten gesehen hatte. Und schon beschlichen mich wieder die alten

Zweifel. Warum plage ich mich eigentlich so mit meinem Garten, versuche immer neue Blattformen und Blütenfarben miteinander in Kontrast, aber auch in Beziehung zu setzen, zerbreche mir lange und ernsthaft den Kopf darüber, wer neben wem und in welcher Erde zu so einem Kontrast oder so einer Beziehung überhaupt geeignet ist. Greife ein, wenn die einzelnen Kandidaten einander ins Gehege kommen, helfe da ein bißchen mit Dünger nach und dort ein wenig mit einem Formschnitt, vergebe besondere Plätze an besondere Pflanzen, stütze, binde zusammen, jäte, kurz gesagt, habe ständig ein Auge auf alles und mache mich ununterbrochen zu schaffen.

Und dann begegnet mir so ein Feldrain, auf dem die Pflanzen von selber zusammengefunden, von selber die für sie besten Bedingungen gesucht und gefunden haben. Niemand befreit sie vom Druck der Blühkonkurrenten, niemand stützt sie oder düngt sie einzeln nach, es sei denn, eins der Rinder hat im Herbst einen Fladen über den elektrischen Zaun fallen lassen. Ihr einziger Formschnitt ist die Heumahd, die sie in besagtem Sommer bereits überstanden hatten beziehungsweise von der sie höchst ungenau, wenn überhaupt – da ja Rain und nicht Feld – erfaßt wurden.

Und dennoch erscheinen sie bei diesem Licht wie ein perfekt gewebter Teppich in starken Naturfarben, mit sich wiederholenden Mustern, von denen keines dem anderen aufs Haar gleicht. Kleinere und größere Abweichungen versetzen meinen Blick dermaßen in Spannung, daß ich immer wieder stolpere vor lauter Genau-Hinschauen- und Benennen-Müssen.

Als wir uns schon dem Ende des Rundwegs, der immer ins selbe Wirtshaus führt, näherten, kamen wir in einer schattigen Gasse an einem kleinen Wirtschaftsgebäude vorbei, aus dessen oberem Fenster ein gewöhnlicher und dessen unterem Fenster ein panaschierter Efeu hervorwuchsen, beide in schönster Kaskaden- beziehungsweise Zopfform. *Rapunzel, Rapunzel, laß mir dein Haar herunter!*

Auf dem letzten Stück des Weges, an einem kleinen Hang linker Hand, gab es dann eine furiose Häufung von Knabenkräutern, Braunellen, Kreuz-Enzianen, Skabiosen und Sterndolden, sozusagen als Bordüre des Teppichs, auf der noch einmal alle Motive auf engstem Raum zusammengefaßt waren.

Ich brauchte eine Weile, bis ich wieder Argumente für den Garten fand. Da war vor allem die Dauer. In einer Woche, sagte ich mir, ist zumindest diese Wiesenblütenpracht vorüber, und die Doldenblütler und Gräser übernehmen die Herrschaft.

Kein echter Trost. Denn gerade die Doldenblütler, die so üppig in den umliegenden Wiesen gedeihen, aber auch die Waldengelwurz, *Angelica sylvestris*, oder das Laserkraut, *Laserpitium siler*, zieren sich im Garten. Das Laserkraut, dessen Samen ich am steinigen Bachlauf verstreute, da es *in natura* an den Felshängen des Losers, unmittelbar über dem See, vorkommt, hat sich komplett verweigert. Die Engelwurzen machen eine Gnade aus ihrem Erscheinen, und nur die von mir getopften und an besonderen Plätzen wieder ausgesetzten Sämlinge geruhen, sich zu entfalten. All die anderen, die ich an Ort und Stelle beließ, sind längst verkommen, weil sie obendrein noch zur Lieblingsnahrung von Schnecken gehören. Aber auch am Waldrand gibt es Schnecken – dort säen sie sich jedoch problemlos aus, und ihre weißen Dolden blitzen höchst filigran vor Sträuchern und Bäumen auf.

Mehr Glück hatte ich bei der Eingemeindung von cremefarbenen Sterndolden mit Spuren von Lindgrün und Rosa, die ich an der Traunpromenade, wo sie zu Hunderten, wenn nicht zu Tausenden, wachsen, ausgegraben hatte und neben ›Burgundy Glow‹, ihre Cousine in Gartenform, pflanzte, in der Hoffnung, sie würden miteinander etwas anstellen, sich bastardisieren zum Beispiel, wie die Akeleien es allemal tun. Leider bleiben die Wilden noch etwas niedriger als die Zahmen, doch sehen sie trotzdem hübsch miteinander aus.

Wider Erwarten gut macht sich die Glänzende Skabiose, *Scabiosa lucida*, ebenfalls vom Traunufer stammend, die dieses Jahr stark an Umfang und Blütenzahl (fliederfarben) zugenommen hat und ihren Platz im Humusbeet des formalen Gärtchens ganz gut behauptet.

*Sterndolden*

Die Gegenbewegung zur Hortifizierung von Wildformen vollziehen die *Gartenflüchter*. Immer wenn mir das Wort *Gartenflüchter* in den Sinn kommt, muß ich an die Ufer eines kleinen Zubringerflusses der Traun denken, gegen die sich zwei Gärten mit Drahtzäunen energisch abgrenzen. Die Gärten sind unbedeutend. Was ihnen allerdings entkommen ist und sich an den beiden Uferböschungen *verlustiert*, gelbe Fingersträucher, Spornblumen, Frauenmäntel, Baldrian, Ringel- und dazu jede Menge Wiesenblumen, bildet einen zauberhaften Wildgarten der skurrilen Art, vor dem ich jedes Mal eine Zeitlang stehenbleibe, um mich an der Selbsttätigkeit dieser Pflanzen zu freuen.

*Storchschnabelblätter*

# Potlatsch

Es war im Hochsommer, Ende August, vor einigen Jahren. Ich kam vom Schwimmen zurück, und vor der Haustüre stand eine größere Kiste mit Jungpflanzen. Ein Zettel lag dabei, aus dem hervorging, daß jemand einmal unangemeldet bei mir im Garten eingefallen wäre, noch dazu mit *leeren Händen*. Das Mitbringsel sei hiermit nachgereicht worden, Bartnelken und Marienglockenblumen, ich möge meine Freude daran haben. Ohne Unterschrift, nur mit einer unentzifferbaren Paraphrase, und ohne Adresse.

Das geschieht manchmal, nämlich daß jemand unangemeldet bei mir im Garten einfällt. Trotzdem hatte ich keine Ahnung, wer der Schenker oder die Schenkerin sein konnte. Daß Gärtner von Natur aus großzügig sind, habe ich wohl schon erwähnt, mich wunderte nur die Anzahl der Jungpflanzen und wie professionell sie getopft waren.

Das neue Gärtchen war noch nicht soweit, also ließ ich die Jungpflanzen in ihren Töpfen, goß und düngte sie und setzte sie dann im Herbst in das neue Humusbeet, und die, die mir übrigblieben, kamen in ein Hangbeet, ebenfalls in volle Sonne.

Ursprünglich hatte ich ein Vorurteil gegen Bartnelken, fand sie irgendwie spießig, wie die fünfziger Jahre, in denen kein Garten ohne sie auszukommen schien. Aber da ich sie nun einmal hatte und die drei neuen Beete im Gärtchen bepflanzt werden mußten, füllte ich eine ganze Ecke mit ihnen, die auf französisch viel schöner heißen, nämlich *Auge des Poeten*, und den Marienglockenblumen, die die Bartnelken ungemein veredelten, und harrte des Ergebnisses.

Im nächsten Sommer verhielten sich die Bartnelken programmgemäß und blühten in verschiedenen Kombinationen von Weiß mit Karmesin über Altrosa und Samtrot, und sahen insgesamt sehr hübsch aus, waren verläßliche Farbgeber und eben schon zur Stelle, während die meisten anderen Pflanzen sich erst noch etablieren mußten. Die Marienglocken waren eine Augenweide, verließen jedoch dieses Beet, nachdem sie einmal geblüht hatten, und lebten dann ausschließlich im Hangbeet weiter, wo es ihnen offensichtlich besser gefiel.

Irgendwann gegen Ende Juli, als die Bartnelken langsam abblühten, kam eine Frau vorbei, mußte mich wohl schon eine Weile bei der Arbeit beobachtet haben, und wollte mich keinesfalls stören. Da sie schon einmal dagewesen war und viel vom Garteln verstand, führte ich sie noch einmal durch den Garten, zeigte ihr die Neuerwerbungen und, voller Stolz, das neue Gärtchen. Als wir zu den Bartnelken und Marienglockenblumen kamen, hob ich mit meiner inzwischen wiederholt

*Thalictrum delavayi*

127

zum besten gegebenen Geschichte von deren Herkunft an. Sie lachte und gab sich als die Spenderin zu erkennen. Ich wollte ihr danken, doch sie meinte, ich hätte ihr schon genug gedankt, indem ich sie ein zweites Mal durch meinen Garten führte, wo sie ja wisse, wie wenig Zeit ich dafür hätte. Eine verständige, sympathische Person.

In diesem Jahr blühten die Bartnelken besonders schön und besonders dicht und machten enorm viele Sämlinge, die ich, anstatt sie bloß zu jäten, aufnahm und in Töpfe pflanzte, um sie meinerseits zu verschenken. An eine Freundin, die gerade einen Garten anlegt, an die Nachbarinnen, an Besucher, und alle freuen sich offenbar über die ein wenig aus der Mode gekommenen, farbintensiven Langzeitblüher, die so unkompliziert sind und tun, was man von ihnen erwartet.

Wenn ich nachzähle, was alles schon auf solchem Wege in meinen Garten gelangt ist, komme ich, grob geschätzt, auf ein Viertel bis ein Drittel aller in ihm lebenden Pflanzen.

Meine Grazer Gartenfreunde, die nicht nur einen wunderschönen Rosengarten besitzen, in dem sie auch Lesungen, Konzerte und Ausstellungen veranstalten, sondern auch die größte, öffentlich zugängliche Gartenbibliothek des Landes, erbarmen sich gelegentlich meiner und transportieren mich in ihrem Auto mitsamt ihren Pflanzengeschenken und meinen Einkäufen von Graz nach Altaussee, wo diejenigen Pflanzen aus meinem Garten bereits warten, die ich für sie getopft und vorbereitet habe.

So machen neue, aber auch alte Sorten, die kaum noch einer kennt, ihren Weg, werden von Garten zu Garten weitergeschenkt, bis ein Erwerbsgärtner auf sie aufmerksam wird und sie ins Sortiment nimmt.

Jene freundliche Dame aus Oberösterreich, die mich einst mit vielen verschiedenen Paradeisersamen, die sie mit durchsichtigem Tixo an den Rand des Briefes geklebt hatte, beglückt und mit dem Knollenziest geschlagen hat, die mir die Pfingstrose vom Monte Baldo und *Iris setosa* schenkte, nebst vielen halbwilden, kleinblütigen Raritäten, die sich zum Teil wieder verabschiedet haben, hatte mir auch die himbeerfarbene Lapplandnelke, *Ceratotheca triloba* (leider war dieser Name in keinem meiner Pflanzenbücher zu finden), gebracht, die ich im letzten Jahr zu der Austin-Rose ›St. Swithun‹ pflanzte. Die Nelke, die gar nicht aussieht wie eine Nelke und die sich ordentlich vermehrt hat, paßt mit ihrem kräftigen Pink farblich besser zu der zartrosa bis weiß blühenden Heiligen. Nur von der Blattform her schien mir die üppig blühende Orlaya vom Jahr davor reizvoller. Und wo ich die Lappländerin nun schon den zweiten Sommer im Garten habe, traue ich mir zu, im nächsten Jahr ihre Sämlinge rechtzeitig zu erkennen und

*Ein Hund, der nicht bellt, aber ebenfalls im Garten wohnt*

128

gleich zu topfen – je früher, desto schneller stecken sie den Schock weg –, um sie weiterzuschenken.

Ist die Entfernung zu groß, um einander junge Pflanzen vor die Tür zu stellen, müssen sich Gärtner, die füreinander Sympathie empfinden und die sich gegenseitig zu irgendwelchen Pflanzen *bekehren* wollen, mit Zwiebel- und Samenpäckchen begnügen, die leicht auf den Postweg zu bringen sind. Zusammen mit den Grundbausteinen der Pflanzen werden auch Tips und Ratschläge verpackt, Empfehlungen und Warnungen mitgegeben.

So machte mich eine Leserin meiner Bücher, die sich mit einem üppigen Samensortiment eingestellt hatte, darauf aufmerksam, daß sich ein gewisser Käfer, der auf Seerosenblätter spezialisiert sei, an meiner ›Fabiola‹ vergangen hätte, wie sie dem Foto meines Teiches im letzten Buch habe entnehmen können.

Auch ich hatte die merkwürdigen dunklen Linien, die wie chinesische Schriftzeichen aussahen, sowohl in den vergangenen Jahren als auch heuer an den Blättern bemerkt und sie immer als dem Hagel geschuldet betrachtet, der mich bereits Ende Juni in Angst und Schrecken versetzt hatte.

Sogleich stieg ich auf der Suche nach dem Übeltäter in den Teich, drehte und wendete die Blätter, ohne etwas zu entdecken als die üblichen, noch nicht geschlüpften Libellenlarven, und riß die gezeichneten alten Blätter aus. Die jüngeren, die sich erst nach dem Hagel entfaltet hatten, waren *unbeschrieben* und blieben es auch. Daher glaubte ich nicht so recht an den Käfer. Rücksprache mit dem hiesigen Gärtnermeister brachte die Bestätigung. Hierorts sei der Käfer, von dem man wohl wisse, noch nicht in Erscheinung getreten. Gottlob. Obwohl man ein Auge darauf haben müsse.

Noch subtiler wird der ganze Pflanzenpotlatsch, wenn die Ästhetik ins Spiel kommt. Oder gar die Ideologie. Beides ist nicht immer leicht auseinanderzuhalten. Wo gute Worte nichts fruchten, wird mit Taten nachgeholfen wie überall auf der Welt. So zum Beispiel, wenn Herberts, des Fotografen, gesammelte Loblieder auf eine Pflanze namens Kurkuma mich nicht dazu bringen können, mir dieselbe anzuschaffen, schenkt er sie mir einfach. Nicht unbedingt zu ihrem Frommen, denn sie sticht mir weder ins Auge, noch geht sie mir zu Herzen.

Natürlich kümmere ich mich um sie, pflege sie, wie sie gepflegt werden soll, stelle sie sogar in Blickweite auf, und dennoch wirkt sie schon nach zwei Wochen ein wenig ausgeblichen und nicht gerade lebensfroh.

Im Gegenzug bestehe ich weiter auf meinen Totholzobjekten, umgedrehten Strauch- oder Baumwurzeln, krummen, vom Wasser blankgescheuerten Ästen und Strünken, von denen Herbert behauptet, sie würden die Harmonie seiner

Bilder stören. Ich lasse auch nicht zu, daß er sie beim Fotografieren entfernt. Er versucht dann die Kamera so zu halten, daß von den *Stecken*, wie er sie nennt, kaum etwas zu sehen ist. Beim Gipshund haben wir allerdings bald nach seinem ersten Naserümpfen eine Annäherung erzielt, von der die Art, wie er ihn porträtiert hat, Zeugnis ablegt.

Ich hingegen habe mittlerweile sogar Orchideendünger gekauft, um die Orchidee, die er mir geschenkt hat – obwohl ich Orchideen prinzipiell nicht mag –, wieder zum Blühen zu bringen, so ist sie mir inzwischen ans Herz gewachsen. Auch habe ich eine zweite, weiße – allerdings von unverdächtiger Seite – geschenkt bekommen, die seit Monaten geradezu blendende Sterne aufgesteckt hat.

So werden selbst hartnäckige gärtnerische Ideologien gelegentlich durch die Begegnung mit einzelnen Pflanzen aufgeweicht. Sofern man imstande ist, die eigene Sturheit auch ein wenig lockerer zu handhaben.

*Karthäusernelken*

# Die Büchse der Flora

Vor Jahren legte ich um eine Rose namens *Rosa damascena bifera* ein Experimentierbeet an, steil, an einem kleinen abschüssigen Hang, südseitig, trocken und eher unwirtlich. Ich hatte einfach die Grassoden abgetragen, die dabei zutage tretenden Steine aufgenommen und mit ein wenig Erde nachgeholfen. Das war's.

Da ich gerade aus England gekommen war, säte ich sämtliche Samenpäckchen, die Wildblumenmischungen und unkomplizierte Sommerblüher enthielten, aus, goß eine Zeitlang täglich, und tatsächlich entstand bald so etwas wie eine bunte, weil das Gras fehlte, zu bunte Blumenwiese, mit Farbkombinationen wie auf dem Deckel eines Malkastens.

Erst im nächsten Jahr wurden die Farben harmonischer, aber da hatte ich bereits all die knallorangen Schöteriche, die sich mit dem Rosa der Damaszenerin so überhaupt nicht vertrugen, ausgegraben und weitergeschenkt.

Ich hatte mir angewöhnt, alle Samen, die übrigblieben, und so manches Pflanzengeschenk, von dem ich nicht wußte, wohin damit, ins Experimentierbeet zu säen oder zu setzen. Um Lilien oder Astern nicht dem Hungertod preiszugeben, hob ich große Pflanzlöcher aus, füllte Kompost ein und versorgte so die heikleren Pflanzen und diejenigen, deren Appetit größer war, mit entsprechender Nahrung.

Bald jedoch begannen die Königskerzen das Regiment zu führen, und ich habe Fotos gemacht, auf denen es so aussieht, als wüchse sonst gar nichts mehr, so drängten sich die zum Teil übermannsgroßen ins Bild.

Auch das verging oder pendelte sich, besser gesagt, auf ein erträgliches Maß ein. Einige Büsche der Wolfsmilch, *Euphorbia polychroma*, mit aparten messingfarbenen Blüten, zogen aus dem hausnahen Sonnenbeet zu, ebenso eine Reihe von Kugeldisteln. Ich setzte ein paar selbstgezogene Karthäusernelken dazwischen, die sich auch nach Jahren noch gut machen, und an zwei Ecken des langgezogenen Beetdreiecks jeweils einen Horst winterharter Chrysanthemen.

Das Experimentierbeet wurde seinem Namen schon allein dadurch gerecht, daß es sich jedes Jahr in einem völlig anderen Licht zeigte. Immer neue Pflanzen nutzten die Gunst der Umstände, warme Tage im April, mehr Regen im Mai oder Juni, unkontrollierte Kompostgaben, wann immer ich das Gefühl hatte, jemand darbte zu sehr. Wobei die gute Erde gelegentlich von heftigen Regenschauern an eine andere Stelle geschwemmt wurde, so daß jemand anderer davon profitierte oder sich daran überfraß.

*Die Strauch- und Kletterrose ›Hero‹*

133

Manche Samen schienen sich Zeit zu lassen, gingen erst nach Jahren auf und überraschten mit Pflanzen, die je gesät zu haben ich mich nicht erinnern konnte. Das Gemeine Leinkraut zum Beispiel, *Linaria vulgaris*, ein Braunwurzgewächs, mit hübschen hell- und dunkelgelben Löwenmäulchen und nadelförmigen, graugrünen Blättern, tauchte plötzlich in größerer Besetzung auf und vermehrte sich zusehends.

Ich nahm an, daß es sich gut als Bodendecker an Problemstellen machen würde, und so stach ich einige aus und setzte sie zu einem vor sich hin trödelnden panaschierten Giersch. Mittlerweile bildet es mitsamt dem Giersch eine blickdichte, wenngleich duftige Decke, aus der höchstens noch ein paar Erdbeeren hervorlugen, weil ihr Rot einfach nicht zu übersehen ist. Aus dem Experimentierbeet hat sich das Leinkraut so gut wie ganz zurückgezogen, entweder war die Konkurrenz zu groß oder es wollte nicht mehr ohne den weißgrünen Giersch sein.

Natürlich sind die Königskerzen nicht verschwunden, im Gegenteil, sie haben im Garten zu wandern begonnen und durchstreifen ihn aufmerksam, mit Blick auf das Mögliche, ja, sogar auf das Gefällige, denn meist stehen sie tatsächlich an der richtigen Stelle, seit sie die Bewaldungsallüren abgelegt haben.

Die gewöhnlich wildwachsende *Verbascum nigrum* lebt hauptsächlich auf dem Wiesenhang, der nur zweimal im Jahr gemäht wird. Die Österreichische Königskerze, *Verbascum chaixii*, die weiß mit roter Mitte blüht, ist in allen Beeten ein

*Späte Chrysanthemen*

willkommener Gast. Ihr frisches Weiß paßt überall hin und leuchtet in der Abenddämmerung wie eine Feenfackel.

Leider sind mir die Bunten in Purpur oder Violett, *Verbascum phoeniceum*, nie lange erhalten geblieben, obwohl sie als frosthart beschrieben werden. Und die cognacfarbene ›Helen Johnson‹, um die ich mich lange und immer wieder bemühte, kommt zwar gelegentlich wieder, hält aber offenbar den Druck der Nachbarn nicht aus und verschwindet, ehe ich noch ernsthaft nach ihr gesucht habe.

Immer wieder zeigen sich auch die Riesen unter den Königskerzen, tauchen unvermutet an Stellen auf, an die ich sie nie gepflanzt hätte, und recken sich über kurz oder lang mit ihren silbrig behaarten Schäften hoch in die Lüfte, und ihre gelb blühenden, kräftigen Kerzen machen erst bei der Zwei-Meter-Grenze Halt. Ein Gruß aus der Türkei, wie ich der Pflanzenenzyklopädie der *Royal Horticultural Society* entnehme, in der neben der Bezeichnung *Verbascum bombyciferum* einfach nur das Wort Türkei steht.

Als ich noch einen Gemüsegarten und darin Hochbeete hatte, setzte sich eine dieser Riesinnen zwischen Mangold und Rote Melde. Doch wich sie, aus welchem Grund auch immer, dem Gemüse aus, zwängte sich durch die Hochbeetbretter und sprengte auf die Dauer den Spalt. Gleich darauf richtete sie sich empor und erreichte eine ungeahnte Höhe, da der Meter Hochbeet, aus dem sie wuchs, quasi als Podest diente, das die Riesin noch riesiger erscheinen ließ.

*Experimentierbeet*

Im großen und ganzen ist mein Garten zu klein, um mehrere Riesenwüchsige zu beherbergen. So habe ich einmal alle Federmohne verschenkt, die die Nase zu hoch trugen und die Blutbuchenhecke zu überragen begannen. Auch *Darmera peltata*, das Schildblatt, ein Riesensteinbrech, neigt zur Übertreibung, selbst wenn er bei mir – in trockenem, anstatt in sumpfigem Boden stehend – die ihm zugestandenen zwei Meter nicht erreicht. Seine hübschen weiß-rosa Blütenkugeln erscheinen im Frühjahr vor den großen, glänzenden Blättern, die sich dann im Herbst rot färben. Auch wird das Schildblatt von drei Bluthaselbüschen nahrungs- und ausdehnungsmäßig im Zaum gehalten und fügt sich in die Beschränkung.

Seit etwa zwei Jahren hat nun ein sehr filigraner Riese das Experimentierbeet zu dominieren begonnen. Sein Samen muß aus einer der Mischungen stammen und ein paar Jahre im Boden geschlafen haben. Plötzlich trieb er in zwei Exemplaren aus, und seine blaßgelben Skabiosenköpfchen schweben wie Irrlichter in etwa eineinhalb Metern Höhe. Es handelt sich um den Schuppenkopf, *Cephalaria alpina*, und ich kann mich nur darüber wundern, wie man einer so eleganten, tänzerisch ausgreifenden Pflanze einen so häßlichen Namen geben kann. In diesem Fall vermitteln die Karthäusernelken farblich sehr gut zwischen dem blassen Schwefelgelb und dem Kirschblütenrosa der Damaszenerin. Formal verleiht der Kontrast zur Mähnengerste, die sich ein wenig selbst ausgesät hat – ich hätte mir mehr gewünscht –, dem Bild so viel an Spannung, daß man gerne ein zweites Mal hinschaut.

Was der Büchse der Flora noch entfallen ist, sind ein paar Wildrosen, die sich seit geraumer Zeit überall im Garten umzusehen beginnen. Ich nehme an, es handelt sich um *Rosa pendulina alpina*, die auch *dornenlose* Rose genannt wird. Eine hat bereits geblüht, nicht gerade üppig, aber so, daß man ihre Farbe erkennen konnte. Solange sie keinen ganzen Rosenhag bildet, soll sie mir als Verweis auf die Ursprünge der Gattung willkommen sein. Und über die Hagebutten freuen sich zumindest die Vögel.

*Walzenwolfsmilch*

# Selbstverwaltung

Auch wenn der Garten gar nicht so groß ist, gibt es entlegenere Stellen, die man nicht immer vor Augen hat und die einem beim allmorgendlichen Rundgang nicht sogleich mit irgendeiner Pflegebedürftigkeit ins Auge stechen, sondern bei fernerer Betrachtung irgendwie wohlgeordnet wirken, obwohl man sich die ganze Zeit nicht um sie gekümmert hat.

Das Beet, von dem ich spreche, ist ein sogenanntes Bahnschwellenbeet, das heißt, es wurde aus alten Schwellenhölzern der Eisenbahn errichtet, um den Hang unterhalb des ehemaligen Gemüse- und jetzigen formalen Gärtchens mit einer Stufe (5 m lang und 1 m breit) zu terrassieren.

Erst viel später sagte man mir, daß diese Hölzer mit einer giftigen Tinktur imprägniert seien. Also rupfte ich sämtliche Monatserdbeeren, die ich als Bodendecker zwischen die Stauden in praller Sonne gepflanzt hatte, wieder aus. Alle anderen Pflanzen schienen sich nicht an dem Gift zu stören, und die Stachelbeeren kamen erst Jahre später, als die Imprägnierung längst ausgewaschen war.

Anfangs hatte ich noch den Ehrgeiz, das schmale Beet *zu gestalten*, später wurde es zu einer Dependance für Mehrfachbestände, doch je mehr der Garten insgesamt zulegte, desto weniger Zeit fand ich für das Bahnschwellenbeet. Meist sah ich es nur, wenn ich vom Dorf heraufkam, und auf die Entfernung von der Straße her wirkte es weder verunkrautet noch überwuchert, also vergaß ich es gleich wieder, denn vom neuen Gärtchen aus gesehen, verstellte die rasch wachsende Buchenhecke den Blick darauf.

Als die Stachelbeeren reif wurden und ich sie endlich ernten konnte, hatte ich zum letzten Mal einen genauen Blick auf dieses Beet geworfen und kaum etwas zu jäten gefunden. Nur den Frauenmantel schnitt ich zurück, damit er frisch austriebe und mit seinen stark gefältelten, weichen jungen Blättern das Beet farblich aufhellte.

Eigentlich war ich sehr angetan von der Pflegeleichtigkeit dieses Beetes. Ich holte mir einen Zettel und schrieb auf, welche Pflanzen sich da so problemlos miteinander arrangiert hatten. Problemlos? Wer weiß, wer da wen mit aller Gewalt in Schach hielt, auch wenn der Eindruck noch so harmonisch war.

Neben den beiden Stachelbeerbüschen, die bereits am Nachmittag in den Genuß des Schattens der Blutpflaume kommen, standen alle in praller Sonne, und zwar von morgens bis abends. Da gab es zwei Horste von *Sedum telephium* ›Herbstfreude‹, die immer rundlicher wurden, Gelben Fingerhut in einem aus-

*Vorhergehende Seiten:
Jede Menge Königs-kerzen, dahinter Phlox*

ladenden Horst, davor ein paar Karthäusernelken, Österreichische Königskerzen in Weiß, etwas Frauenmantel, eine hellrosa Malve beziehungsweise Strauchpappel, wahrscheinlich *Lavatera* ›Bressingham Pink‹. Außerhalb des Beetes waren ein paar Rainfarnstauden aufgekommen, deren gezackte Fiederblätter sich gut neben der Königskerze machten, und zwischen den einzelnen Pflanzen lugten noch immer die euterförmigen Samenstände längst verblühter Akeleien hervor. Eine verschworene Gemeinschaft, wie mir schien, die nichts und niemand anderen aufkommen ließ.

Ich bin mir nicht sicher, ob sich diese Pflanzen genauso gegen jeden Eindringling gewehrt hätten, wenn ich sie bewußt und genau aus diesem Grunde zusammen in ein Beet gesetzt hätte. Oder ob sie sich bloß über die Jahre hin, in denen meine Aufmerksamkeit merklich nachgelassen hatte, von selbst auf diese Weise etablierten.

Ich erinnere mich dunkel an Hornveilchen, verschiedene Gräser, *Digitalis ferruginea*, Spanische Löwenmäulchen, sogar Sonnenblumen hatte ich einmal darin gepflanzt, relativ niedrige, deren Blätter von den unmittelbar aus der Hangwiese auftauchenden Schnecken filetiert wurden, so daß sie etwas bizarr wirkten, mit ihren dicken gelben Köpfen und den schlappen Blättern, die fast nur mehr aus Adern bestanden.

All diese Pflanzen waren der *Harmonie* zum Opfer gefallen, die nun nach außen hin in dem Beet herrschte. Was heißt nach außen hin? Warum fällt es mir eigentlich so schwer, an eine geglückte Bepflanzung zu glauben, die so gut wie ohne mich auskommt? Das Auge ist jedenfalls zufrieden, auch wenn das, was es sieht, nicht gerade spektakulär ist. Und der Dank meiner Bandscheiben ist dieser Art von pflanzlicher Selbstverwaltung gewiß.

# Unruhe vor dem Sturm

Ein Himmel wie blauer Taft, der zu lange der Sonne ausgesetzt war und an verschiedenen Stellen geschossen, das heißt ausgebleicht ist. Letzte Schwimmtage, noch hält der Moorsee die Temperatur trotz der nächtlichen Abkühlung. Aber der Badeanzug wird nicht mehr trocken, wenn ich ihn nachmittags im Freien an die Leine hänge.

Nachts im Bett, höre ich ein Reh über die Klinkersteine der Einfahrt stöckeln, dann knirscht Kies auf dem Weg zum Gärtchen unter seinen Füßen. Wahrscheinlich steht es vor der geschlossenen Gärtchentür und nimmt die Witterung der frisch aufgeblühten Krötenlilien auf, überlegt, ob es springen soll oder nicht, aber die Absprungbasis ist zu schräg und der Aufsprung zu ungewiß.

Ich habe vergessen, die in Petroleum getunkten Lappen über die Rosenkugeln zu ziehen – Petroleum vertreibt Rehe verläßlich mit seinem Geruch –, also wird es weiter ums Haus stapfen und die Blüten der remontierenden Rosen fressen, auch die Krötenlilien und die Reste vom Phlox auf der Terrassenseite. Aber ich bin zu müde, um das Reh zu vertreiben. Auch war die Pracht in diesem Jahr zu üppig, als daß es einem jetzt anstünde, zu knausern. Alle Rosen und alle Krötenlilien schafft das Reh ohnehin nicht in einer Nacht. Und morgen werden dann wieder die Lappen aufgezogen.

Seit Max nicht mehr lebt, sind die Eichhörnchen neuerdings frech geworden und halten sich nicht an die gerechte Aufteilung. Diesmal haben sie mir nicht eine einzige der ohnehin nicht sehr zahlreichen Haselnüsse übriggelassen. Und die Amseln haben allesamt einen Bordeaux-Stich, so viele Holunderbeeren haben sie sich inzwischen einverleibt.

Die Dahlien trumpfen noch einmal auf, vor allem in der Farbe überreifer Himbeeren. ›Mambo‹, die als erste blüht und sich als letzte noch zur Gänze verausgabt, aber auch die karmesinfarbene aus der Serie ›Bishop's children‹, mit dem bitterschokoladefarbenen Laub, die ich dieses Jahr mutig in dem mir zu klein erscheinenden viereckigen Tontopf mit überbordendem Rand, in dem ich sie vortrieb, gelassen habe, hat es mir mit vielen leuchtenden Blütensternen, die leider bei Hitze rasch ausbleichen, gedankt. Und ›Bonesta‹, die Generalin, Meisterin im Strammstehen, reicht noch jede Menge weißer dekorativer Schalenblüten mit altrosa Längsstreifen nach.

Astern in verschiedenen Höhen und verschiedenen Farben lösen bei mir immer eine Art *Septembergefühl* aus, wohingegen die gelben Rudbeckien, von denen früher jedes einheimische Haus eine kleine Hecke besaß, die es zumindest

*Dahlie ›Bonesta‹*

an einer Seite umgab, für den Hochsommer stehen. Diese Rudbeckien hießen immer nur die *gelben Blumen*, und sie gehörten zum Dorf wie der Kirtag am ersten Wochenende im September.

Vor etwa zwanzig Jahren tauchte dann eine Krankheit auf, möglicherweise war es ein Virusbefall, die mit den *gelben Blumen* zum größten Teil aufräumte, die innerhalb des Dorfes seit Generationen weitergegeben worden waren, das heißt, jeder neue Nachbar durfte sich im Spätherbst etwas von den Beständen abstechen und als niedrige Hecke am eigenen Haus entlangziehen.

Anstelle der am Virus oder an der Inzucht verkommenen Rudbeckien wurden nun kanadische Goldruten gepflanzt, da man sich an das Gelb am Haus so gewöhnt hatte. Inzwischen sind die *gelben Blumen* zum Teil wiedergekommen und wachsen vorzugsweise um von Zweithausbesitzern errichtete Häuser im traditionellen Ausseer Stil herum.

Da ich weder Goldruten noch zu dichtes Gelb besonders mag, habe ich mich letzten September entschlossen, die rosafarbenen Schildblumen, beziehungsweise Schlangenköpfe, *Chelone obliqua*, ein Braunwurzgewächs, aus dem hausnahen Sonnenbeet zu nehmen und gegen die Straße hin vor die Pfosten zur Anhebung des Gärtchens zu setzen, um dem üblichen Gelb zu entrinnen. Da die Schlangenköpfe sehr wüchsig sind und es dem vielen gefrästen Schnee nicht übelnahmen, daß er meterhoch auf ihnen lag, habe ich keinen Zweifel am Glücken der Alternative.

Die morgendlichen Gänge durch den Garten dienen nicht mehr so sehr dem Gießen, Jäten oder einem Formschnitt, sondern weit grundsätzlicheren Veränderungen, die sich meist auf die eine Frage zurückführen lassen: Was kommt wohin?

All die Tulpen-, Fritillarien- und Lilienzwiebeln, längst bestellt, trudeln langsam ein und wollen in den Boden. Horste, die das Jahr über zu üppig geworden sind, müssen geteilt werden. An die falschen Stellen Gepflanztes braucht einen anderen Standort. Die Gärten von Freundinnen müssen bedacht werden: Wem habe ich was versprochen?

In einem Ferienort wie Altaussee sehnen die Einheimischen den Herbst herbei. Da wird es ruhiger, da gehen – wenn das Wetter hält – die Wirte und Hotelbesitzer selber schwimmen oder in die Berge, oder fahren mit einer *Plätte*, einem Schnabelboot ohne Kiel, auf den See hinaus. Zumindest war es früher so. Inzwischen hat sich sowohl die Sommerfrische als auch das Reiseverhalten der Gäste geändert, sie kommen nicht nur während der klassischen Ferienmonate, sondern bis weit in den Herbst hinein oder schon im Mai und im Juni. Darum müssen die Wirte und Hotelbesitzer jetzt alle nach Thailand oder auf die Malediven zum Urlaubmachen, wo man auch im November noch schwimmen kann, wenn hierorts endlich nichts mehr los ist. Oder im März, wenn es neuerdings überall schneit, auch in der Türkei.

Eigentlich ist der Garten jetzt schön. Eigentlich könnte das Wetter im Glücksfall bis Anfang November halten. Eigentlich könnte ich mich an einem der vielen Sitzplätze ums Haus herum oder im Garten zurücklehnen und in diesen geradezu verrucht blauen Himmel schauen. Nicht nur für ein paar Minuten, stundenlang. Etwas zu trinken mitnehmen und mir einen neuen Roman ausdenken. Was getan werden muß, kann auch im Oktober getan werden, manchmal auch noch im November, vor den Herbststürmen, wenn es nicht gleich zuschneit. Warum also nicht einfach dasitzen und sich am noch Blühenden freuen?

Die Pyrenäen-Aster, *Aster pyrenaeus* ›Lutetia‹, ist, wie mit freiem Auge zu erkennen, außer Rand und Band geraten. Ein Teil gehört amputiert, um Platz für eines der Federgräser, *Stipa turkestanica,* zu schaffen. *Delphinum elatum* von Frau Wiklicky muß in das Beet integriert werden, vielleicht in der Nähe von *Thalictrum delavayi.*

Vielleicht ist es einfach ein Mangel an punktgenauem Vorstellungsvermögen, der einen nicht zur Ruhe kommen läßt. Im Garten muß alles so rasch wie möglich konkret werden, weil es dann ohnehin den Winter und das Frühjahr über dauert, bis man erfährt, ob das, was man sich dabei gedacht hat, auch aufgeht. Oder eben nicht.

*Herbstaster*

## Golden Girls

Das Jahr scheint noch nicht bereit, sich in sein Vergehen zu schicken, und bietet alles auf, um in guter Erinnerung zu bleiben. Es ist die Zeit der Berge, die bis zur Baumgrenze bunt gefärbt sind vom Gelb der Lärchen, vom Orange und Purpur der Ahorne, Buchen, Eschen, das hangaufwärts immer mehr ins dunkle Grün der Tannen und Fichten übergeht. Und der ganze Farbrausch spiegelt sich im See und erscheint als Bild überzeugender noch als in der dreidimensionalen Wirklichkeit.

Erst jetzt beginne ich den jungen Spitzahorn und den etwa zehn Jahre älteren Eisenholzbaum tatsächlich zu vermissen, die dem letzten Winter zum Opfer gefallen sind. Der Spitzahorn, weil seine Rinde schon im Jahr davor durch zu heftige Temperaturunterschiede im Spätherbst aufgeplatzt war, und der Eisenholzbaum litt bereits seit zwei Jahren an Baumkrebs und konnte nicht mehr weiter ausgeschnitten werden.

Beider Herbstfärbungen – einerseits ein schmutziges Goldgelb, das in Altrosa überging, andererseits ein wesentlich wärmerer Goldton –, die stellenweise orange- bis kirschrot aufleuchteten, fehlen mir. Zwei *golden girls*, die unwiderruflich das Zeitliche gesegnet haben, profan gesagt, herausgehackt wurden.

Die Blutbuchenhecke erscheint nun rostrot mit tiefgrünen Einsprengseln, und der Chinesische Hartriegel, der im Sommer bezaubernde weiße Sterne aufgesteckt hatte, trägt lackrotes Laub, mit einem ockerfarbenen Überlauf. Die Felsenbirne, deren Früchte ich immer kosten wollte, ist von den Vögeln ratzeputz leergefressen worden und erglüht in warmem Laubrot. Nur der Amberbaum, der immer zu spät dran ist, im Frühjahr mit dem Austrieb, im Herbst bei der Verfärbung und dem Abwerfen der Blätter, läßt sich noch Zeit mit dem Farbwechsel.

Nach dem ersten heftigen Morgenfrost haben die Dahlien schlappgemacht und müssen ins Winterquartier, auch von den Astern sind schon einige zurückgeschnitten, dafür hat eine der Chrysanthemen erst jetzt Knospen getrieben, die sie hoffentlich in den nächsten Tagen öffnen wird. Letztes Jahr hat der Schnee ihre Blüten gleich nach Erscheinen zu Boden gedrückt, ich konnte sie nur noch für die Vase retten.

Die Pelargonien sind ebenfalls vor dem Reif in den Keller geflüchtet, und ich habe an ihrer Stelle ein paar bunte Zierkohlköpfe in die Balkonkästen gestellt. Auch ich bin noch nicht bereit für den Winter.

*Laub von Iris setosa*

147

Der Akanthus sieht noch immer recht ansehnlich aus, und im Gärtchen sowie an der Südostseite des Hauses blühen einige der unermüdlichen Malven, *Malva sylvestris* ›Zebrina‹, mit rot auf fliederfarben gestreiften Blüten, weiter.

Die Farben des Laubes und der späten Blüher, auch ein Eisenhut ist darunter und besagte Krötenlilien, harmonieren so unglaublich in ihren klaren kräftigen Herbsttönen, daß ich es kaum über mich bringe, etwas für Sträuße abzuschneiden. Es ist eine Farbigkeit von höchstem Raffinement, in der einfach alles zusammengeht. Die Gräser bilden die unverzichtbaren Übergänge von einer Farbe zur anderen und zeigen erst jetzt so recht, was in ihnen steckt.

Das Chinaschilf, *Miscanthus sinensis* ›Silberfeder‹, das sich hinter der Strauchpaeonie, ebenfalls in Einzelstellung, erhebt, steht nun im Mittelpunkt des Gartens, wo der Blick unweigerlich an ihm hängenbleibt. Grazil und hochaufgerichtet, bildet es einen wohlgeformten Horst, den ich immer erst nach dem ersten Schnee zusammenbinde, so leid tut es mir um seine offene Form.

*Morina longifolia*, die Kardendistel, deren abgeblühte Kerzen ich bereits Anfang August abgeschnitten habe, gefällt sich in einer makellosen apfelgrünen Rosette, über die sich ein Zweig gelbrosa Spanischer Löwenmäulchen beugt. Eine einzelne Alpendistel hat stahlblau nachgeblüht und wirkt frisch wie im Frühsommer.

Es ist kurz vor sechs Uhr Abend, und über dem Dachstein schwebt neonrosa Zuckerwatte vor violetten Wolken in der Farbe der Veilchen, die zwischen den

*Feuerdorn*

148

Terrassensteinen wieder zu blühen begonnen haben. Es ist kühl, aber nicht kalt geworden.

Was trotz Auflösung des Gemüsegärtchens zu ernten war, stammte aus Töpfen. Ein paar Paradeiser, gelbe Zucchini (die so viel feiner schmecken als grüne), roter Mangold. Von Büschen wurden Holunder und Berberitzen, die man unbedingt braucht, um persischen Reis zuzubereiten, gepflückt sowie das gesamte Beerenobst, das entweder gleich gegessen, eingekocht oder tiefgefroren wurde, während sich die Vögel noch an den Früchten des Feuerdorns und des Wilden Weins delektieren, welch letztere ihre Fäkalien tiefschwarz einfärben, die allenthalben wie Tintenkleckse verspritzt werden.

In beinah 800 m Seehöhe sind die Vorbereitungen für den Winter genauso aufwendig wie für die Wachstumszeit im Frühjahr. Die meisten Pflanzen müssen zurückgeschnitten werden, zu viel Blattmasse ergibt während der Schneeschmelze einen heillosen Brei aus Angefaultem, der nur mühsam, weil glitschig, zu entfernen ist. Manche Pflanzen brauchen doch etwas Winterschutz, also muß man Reisig aus dem Wald holen, und die Büsche müssen allesamt zusammengebunden werden, damit sie dem Schneedruck standhalten.

Die silbrigen Reifgärten, die wie verzaubert aussehen und die englische Gärtner so sehr lieben, entstehen dadurch, daß die meisten Pflanzen erst im Frühjahr zurückgeschnitten werden, und kommen bei uns nur zustande, wenn es unverhofft und zu früh schneit und friert, und sind nur von kurzer Dauer, da die Einwinterungsarbeiten sogleich nachgeholt werden müssen.

*Die Zeichen des Herbstes*

## Letzte Versuchung

Wenn das Ausseerland sich im Spätherbst zufällig in einer Föhnschneise befindet, was selten, aber gelegentlich der Fall ist, gibt es zusätzliche schöne Tage im November, an denen sich nur ein paar weiße Schleierwolken ins tiefe Blau schieben und es tagsüber noch immer um die 15° hat.

Tage, an denen man durch den Garten schlendert und ihn als Form zu begreifen versucht, als ein Wesen mit bestimmtem Charakter, das man bestens zu kennen glaubt und das sich nun doch noch von einer nicht gekannten Seite zeigt. Irgendwie nackt, aber nicht entblößt, zurückgenommen und auf intime Weise kenntlich gemacht, als hätte man es tatsächlich mit einem menschenähnlichen Gegenüber zu tun. Ich sitze oft lange auf einem der im Sommer doch viel zu wenig genutzten Sitzplätze, oder in der Laube, und mache mir Gedanken, die über die Frage *Was kommt wohin?* weit hinausgehen. Teils über formale und ästhetische Probleme, aber auch über die Bedeutung des Gartens schlechthin. Oder ich schaue einfach auf den See hinunter und zu den Bergen hinauf.

Der Garten, sage ich mir auf dem Rückweg zum Haus, hat sich mich mit all den Handreichungen, die er mir abverlangt, genauso angeeignet, wie ich mir den Garten, der mir mit der Erfüllung vieler Wünsche so sehr entgegenkommt. Der metallene Vogel, dessen Rücken aus einem Topf mit kurzgewachsenem Sedum besteht, nickt dazu bloß mit seinem Spiralenhals, wobei sein ganzer Kopf wackelt.

Müßte ich das Wesen meines Gartens als hominide Form darstellen, würde ich es als Zwitter aus Kobold und Lilienfee beschreiben, mit einem Rübezahl fürs Grobe. Es würde mich interessieren, in welcher dieser Gestalten es mir wohl im Traum erschiene, und ob sommerlich oder mit Winterschlafmütze.

Apropos Winterschlaf. Ich frage mich, ob Milli, die Kröte, der räubernde Igel, die Eichhörnchen und Siebenschläfer, aber auch die Insekten und Schmetterlinge ihre Winterquartiere bereits bezogen haben, und vor allem, wo? Ich nehme an, daß Milli sich im Schattenbeet eingegraben und der Igel samt Familie zwischen Schuppen und Kompost eine Bleibe gefunden hat. Die Siebenschläfer bevorzugen das Haus, in dem auch die Marder wieder häufiger Unterschlupf suchen, und die Libellen, die sich, krasser noch als ein Schwan, von häßlichen, wassertretenden Räubern in elegante blau, rot oder türkis schimmernde Flugakrobaten mit zielgenauem Jagdverhalten verwandelt haben … was machen eigentlich die Libellen im Winter? Oder der Molch?

*Seite 150/151:*
*Die Büsche sind schon*
*zurückgeschnitten,*
*aber was doch noch*
*alles blüht*

*Laub, Laub,*
*Laub …*

153

Je weiter es in den November hineingeht, desto weniger lang bleibe ich im Freien sitzen. Die Luft riecht nach Rauch, und der Reif zeichnet morgens die Konturen der Sträucher in Sternschrift nach.

Mit einem Mal geschieht es. Auf der Terrassenbank liegt eine Katze, die sich sofort erhebt, als ich morgens die Küchentür öffne. Zuerst glaube ich, daß es der scheue Osama ist, aber es ist ein junges Weibchen, getigert, mit halblangem Fell und grünen Augen. Sie macht einen Buckel, streckt sich, gähnt und kommt in die Küche gestelzt. Offensichtlich in der Erwartung, gefüttert zu werden.

Ich überlege krampfhaft, ob ich ihr etwas geben soll oder nicht. Ihr etwas zu geben, noch dazu in der Küche, bedeutet, sie im Haus willkommen zu heißen. Ich versuche, sie zu streicheln. Sie läßt es nicht nur zu, sondern beginnt sofort zu schnurren. Ich höre auf, an die Folgen zu denken, und gebe ihr etwas von dem Katzentrockenfutter, das ich für die alte Dackelin kaufe, die noch immer täglich mehrmals Tribut fordert. Sie frißt es, mit Appetit. Max hätte diese Senioren-Brekkis mit keinem Blick gewürdigt.

Ich weiß, daß ich keine eigene Katze haben kann, dazu bin ich zu viel auf Reisen, natürlich nur im Winterhalbjahr, wenn der Garten es gestattet. Jedes Mal, wenn ich wegfahre, muß ich eine der Nachbarinnen bitten, auf Haus, Topfblumen und Garten zu schauen, zu gießen. Und dann noch eine Katze – unmöglich!

Ich setze mich an den Küchentisch, um meinen Tee auszutrinken. Die Katze hüpft auf meinen Schoß, ich kraule sie, und sie schnurrt schon wieder, schlägt dabei, als würde sie gegen die Zitzen ihrer Mutter nach Milch treten, ihre Krallen in meine Beine.

Wahrscheinlich ist es eine junge Streunerin, die für den Winter eine Bleibe sucht. Oder sie gehört zu den Katzen, die sich ihren Menschen selber aussuchen. Panik befällt mich. Bisher habe ich allen Ansinnen von Freunden, mir nach dem Tod von Max eine eigene Katze zu schenken, widerstanden, trotz heftigstem Wunsch. Und mir insgeheim nur einen winzigen Spalt gelassen, *never say never!* Nämlich den, falls eines Tages eine Katze, die niemandem gehörte, vor meiner Tür säße und mir bedeutete, daß sie gerne bei mir bliebe, würde ich sie ins Haus nehmen. Das wäre Schicksal, keine im Vollbesitz meiner geistigen Kräfte getroffene Entscheidung. War das jetzt der Fall? In zwei Tagen würde ich nach München fahren. Katzen reisen nicht, und wenn, dann äußerst ungern.

Plötzlich legt sich die Katze in meinem Schoß auf den Rücken, zeigt mir ihren Bauch. Eine Aufforderung, ihren Bauch zu kraulen? Oder ein Spiel, an dessen Ende sie mich kratzen würde? Ich streichele sie behutsam, sie scheint es zu mögen, dreht sich aber wieder zur Seite und springt auf den Boden. Ob sie Durst hat? Ich gebe ihr etwas gewässerte Milch zu trinken. Danach geht sie ins Wohnzimmer, sich umsehen. Springt auf einen Stuhl, von dort auf den Tisch. Nein! Sage ich und hebe sie vom Tisch herunter. Katzen haben auf dem Tisch nichts zu suchen!

Gewisse Dinge will ich ihr von Anfang an klarmachen. Falls sie bliebe, sollte sie gleich wissen, was geht und was nicht. Falls.

Wie soll ich sie nennen? Mia, Zippi, Cicusch? Und wenn sie nicht stubenrein ist? Inzwischen ist sie wieder auf den Tisch gehüpft, hat den Salzstreuer umgeworfen und rollt ihn mit der Pfote vor sich her. Nein! Sage ich und nehme die Katze neuerdings vom Tisch.

Ich muß hinaus an die frische Luft, um einen vernünftigen Gedanken fassen zu können. Seit Max nicht mehr lebt, waren viel mehr Vögel im Garten. Ist sie scharf auf Vögel?

Ich stapfe zum Teich hinunter. Auf dem Wasser treiben die hell- und dunkelroten Blätter des Amberbaums. Die Katze ist hinter, dann neben mir. Die herumwirbelnden Blätter faszinieren sie, eine leichte Brise treibt sie an den östlichen Rand des Teiches, wo sie sich an einem Stein im Wasser stauen. Die Katze fängt mit erhobener Pfote ein Blatt aus der Luft.

Mein Leben würde sich ändern. Wieder einmal. Schon mit dem Garten war es anders geworden. Und nun mit einer Katze. Sie ist so anmutig, daß ich nicht anders kann, als sie hochzunehmen.

Auf dem Rande des ausgehöhlten Baumstammes, in den ich das Lampenputzergras ›Little Bunny‹ gepflanzt hab, sitzt eine Amsel und schaut mir besorgt zu, wie ich die junge Katze an mich drücke. Nicht nur mein Leben würde sich ändern, auch das sämtlicher Gartenbewohner, die von nun an wieder doppelt auf der Hut sein müssen. Und was ist mit der hübschen schwarzen Kätzin namens Mohrli, die das Revier übernommen hat, aber nicht mehr ins Haus darf? Ich kann bereits das nächtliche Gekreisch der beiden Rivalinnen hören. Ist die neue nicht noch zu klein für solche Machtkämpfe? Natürlich ist sie noch zu klein.

Plötzlich ruft eine Kinderstimme laut nach einer Betsy. Die Katze in meinem Arm hebt den Kopf. »Betsy! Betsy!« Und springt auf den Boden. »Betsy!« Die Katze setzt sich langsam in Bewegung, bleibt noch einmal stehen und schaut zu mir zurück. Für einen Augenblick sieht sie so aus, als hätte sie eine Entscheidung zu treffen. Vielleicht sollte auch ich sie rufen? Dann hat sie sich entschieden, indem sie der Kinderstimme hinterherläuft. Ich sehe ihr nach, bis sie sich durch die Blutbuchenhecke gezwängt hat und verschwindet.

Merkwürdigerweise sitzt die Amsel noch immer am Rande des ausgehöhlten Baumstamms und schaut mich an. »Keine Angst«, sage ich, »es war nur ein Besuch!« Die Amsel legt den Kopf schief, als würde sie gerne mehr darüber hören.

Später erfahre ich, daß dies sehr wohl eine Katze ist, die reist. Sie gehört der Enkelin einer Nachbarin, die mit ihren Eltern und der Katze im Auto hierhergekommen ist.

Ein Stieglitzpärchen macht sich an der nachblühenden Alpendistel zu schaffen. Ich denke an einen ehemaligen Schulkollegen, einen Maler, der einer Ringelnatter aus seinem Teich mit Heftpflaster zu Hilfe gekommen war, nachdem eine Nachbarskatze sie ziemlich übel zugerichtet hatte. Die Schlange hat es trotzdem nicht überlebt. Wer weiß, wer alles es in meinem Garten nicht überleben würde, wenn ich eine eigene Katze hätte.

Spät am Abend desselben Tages höre ich, nachdem ich nach dem Abendessen den restlichen Käse ins Futterschüsselchen der Dackelin geleert habe, das Geräusch von Porzellan auf Stein, so als würde das Schüsselchen ein wenig von seinem Platz gerückt. Für die Dackelin ist es zu spät, um diese Zeit schläft ihre Familie schon. Als ich die Küchentür öffne, verschwindet etwas blitzschnell hinter den Rosenbüschen. Marder oder Fuchs? Ich möchte nicht aufdringlich erscheinen und ziehe mich zurück.

Es ist kalt geworden. Demnächst würde ich Sonnenblumenkerne besorgen und die Futterspender an die äußeren Balken des Terrassendachs hängen müssen.

Am Morgen liegt Schnee, wie aus dem Hinterhalt. Wo ich der vielen Föhntage wegen schon gar nicht mehr damit gerechnet habe. Und es hört gar nicht mehr auf zu schneien. Die Dachdecker vom Neubau nebenan hatten gemeint, daß vor Mitte Dezember kein ernstzunehmender Schnee zu erwarten wäre. Jetzt haben wir die Bescherung.

In hohen Stiefeln und mit klammen Fingern versuche ich das Chinaschilf zusammenzubinden. Akanthus und Krötenlilien liegen ungeschnitten darnieder. Auf den bereits zusammengebundenen Rosenbüschen bilden sich dicke weiße Pölster, die aussehen wie auf einer Weihnachtskarte. Vom Fenster aus schaue ich zu, wie sie höher und breiter werden. Die Flocken sind groß wie Daunenfedern. Und plötzlich gleitet so ein Gupf, ohne erkennbaren Grund, außer daß er zu groß geworden ist, von einer der Rosenkugeln, die natürlich auch noch draußen sind. Der erste Schnee ist immer eine Überraschung. Erst recht, wenn er liegenbleibt. Am nächsten Morgen zieht sich eine Spur durch die geschlossene weiße Decke. Es ist wohl doch der Fuchs (die Füchsin?) gewesen, der den Käse gefressen hat.

*Rechte Seite:*
*Dahlie*
*›Centerfield‹*

*Nächste Seiten:*
*Altausseersee mit*
*Dachstein und*
*Sarstein*

156

ISBN 978-3-351-03207-4

Aufbau ist eine Marke der Aufbau Verlagsgruppe GmbH

1. Auflage 2007
© Aufbau Verlagsgruppe GmbH, Berlin 2007
Gesamtgestaltung Therese Schneider
Lithographie NOTICA, Christoph Anzeneder
Druck und Binden Kösel, Krugzell
Printed in Germany

www.aufbau-verlag.de